周佳荣———编著

中国历代史学名著快读

U0369934

北京大学出版社
PEKING UNIVERSITY PRESS

著作权合同登记号　图字：01－2017－0513

图书在版编目(CIP)数据

中国历代史学名著快读/周佳荣编著. —北京：北京大学出版社，2018.7
ISBN 978-7-301-29473-4

Ⅰ．①中… Ⅱ．①周… Ⅲ．①史学史—普及—中国—古代
Ⅳ．①K092.2

中国版本图书馆 CIP 数据核字(2018)第 083666 号

书　　　　名	中国历代史学名著快读	
	ZHONGGUO LIDAI SHIXUE MINGZHU KUAIDU	
著作责任者	周佳荣　编著	
责 任 编 辑	闵艳芸	
标 准 书 号	ISBN 978-7-301-29473-4	
出 版 发 行	北京大学出版社	
地　　　　址	北京市海淀区成府路 205 号　100871	
网　　　　址	http://www.pup.cn　新浪微博　@北京大学出版社	
电 子 信 箱	minyanyun@163.com	
电　　　　话	邮购部 62752015　发行部 62750672　编辑部 62750673	
印 刷 者	北京宏伟双华印刷有限公司	
经 销 者	新华书店	
	730 毫米×980 毫米　16 开本　12.25 印张　132 千字	
	2018 年 7 月第 1 版　2018 年 7 月第 1 次印刷	
定　　　　价	42.00 元	

序

　　此书是由我的一本旧著《中国史学名著概说》（香港：香港教育图书公司，1986 年）改编而成的，原书扼要介绍中国古代十一种史学名著，包括"四史""三通"、《资治通鉴》和《通鉴纪事本末》，以及《史通》《文史通义》二大史评。除记叙编著者生平、成书经过、内容体例、史学评价外，并就相关的著作加以比较；另有附录三项，分别简述先秦史籍、二十五史、清代史籍凡四十种。其中"四史"与正文重复，不过详略各异，既可视为撮要，亦可互相参照，以收融会贯通之效。

　　当初的读者对象是投考大学的预科生，所以力求内容繁简得当，同时尽量参考一些较新的研究成果，重要项目用表解说明。台北唐山出版社于 1989 年印了一个版本，香港版亦于 1990 年重印，港台地区的高中生和大学生常用作参考，是一册认识中国古代史学发展的入门用书。至 1994 年，由于学界对史学知识的需求有所提高，香港版改题《中国历代史学名著》，内容编排按照先秦、两汉、魏晋南北朝、唐代、宋代、清代六个时期的区分,阐述历代重要史学名著十三种,并旁及多种相关的典籍,或作为补充,或加以比较,务求能把中国古代史学的概略面貌,有条不紊地展示出来。

转瞬逾二十年,该书在坊间已难购得。近日重新整理旧稿,考虑到史学、史家与时代的相互关系,于是按史书体裁和题材性质加以改编,并增入《道论:中国史学著作及其体例》和《现代中国史学的成立:从理论到方法》两章,而成现在这个面貌。大抵来说,各章编排是尽量按时代顺序的,通过史家与名著的记叙,说明几种主要史书体裁的内容和特色。

中国是世界上首屈一指的史学大国,历代史籍卷帙浩繁,本书只能举其大端,无法一一加以介绍。对史学名著有精辟见解的学者甚多,如吕思勉、钱穆、张舜徽诸大师,笔者不敢望其项背,本书旨在为年轻学子提供便捷的进修途径,借此一窥中国史学殿堂之博大精深而已。未尽妥善之处或所不免,敬希读者方家见谅。

周佳荣　谨识

2015 年 1 月 30 日于

香港浸会大学历史系

目 录

第一章　导论：中国历代史学
著作及其体例

第一节　史学的意义和目的

中国古代关于"史"的意义，概有二说：一说以"史"为记事之义；一说以"史"为掌官书的职名。古者左史记事，右史记言，叙述前迹，褒贬得中，足为后人借鉴，乃可称史。换言之，史的本质是"中正不阿"，史的功用是"有裨治道"，这就是中国古代对于史的观点。西晋目录学家荀勖撰《中经新簿》，分书籍为甲、乙、丙、丁四部，史始独立为丙部，而隋唐诸志则列史为乙部。因此史学在古时又称为"乙部"或"乙部之学"，其地位仅次于经。

现代所说的"历史"，概由"历代之史"简约而来，始自十九、二十世纪之交，有广义和狭义之分：广义的历史，泛指一切事物的发展过程，包括自然历史和社会历史；狭义的历史，则仅指社会历史，即人类社会已发生的事件、经历的过程，以及对这些事件和过程的记述。

研究历史的学问，称为"历史学"，亦称"史学"，其总体结构大致可以分为三个层次:(一)基础层次,主要是史料方面,包括史料学、历史文献学、考古学、金石学、甲骨学、档案学等;(二)撰述层次,指完成对历史过程、本质、规律的叙述、编纂和揭示,包括通史、断代史、专门史、国别史、区域史,以及与史学相关的边缘学科和分支学科等;(三)指导层次,主要是史学理论,包括历史理论和史学方法等,这对第一、二个层次的史学起着指导作用。此外,研究历史学本身发展历史的史学史,也属于史学研究范围,而且备受史学研究者本身的重视。

至于史的目的,唐代刘知幾说:"达道义,彰法式,通古今,著功勋,表贤能,叙沿革,明罪恶,旌怪异。"近人梁启超说:"史者何?记述人类社会赓续活动之体相,较其总成绩,求得其因果关系,以为现代一般人活动之资鉴者也。"概括而言,历史就是"叙述进化之现象"。

第二节 中国历代史学概说

一、先秦时期

先秦时期是指秦代(公元前 221—前 206 年)统一中国以前的历史时期,可远溯至传说中的三皇五帝时期,一般是指夏、商、周三代。[①] 中国远在商代甚至以前,已经有了文字,可以用来记录时事,

---

① 夏代约从公元前 21 世纪至约公元前 16 世纪,商代约从公元前 16 世纪至约公元前 11 世纪,周代分西周(约公元前 11 世纪—前 771 年)和东周(公元前 770—前 256 年),东周包括春秋(公元前 770—前 476 年)、战国(公元前 475—前 221 年)两个时期。

商代还出现了史官。《尚书》是中国最早的史料汇编,保存了商、周时代的一些重要文献。《春秋》是中国传世的最早一部编年体史书,按年月日顺序记录史事,此书原是鲁国的国史,出于鲁国史官之手,而经孔子整理。如果考究中国古代史学发达兴旺的原因,不能不强调孔子与《春秋》联结在一起所起到的特殊作用。①

其后相继出现了一些叙述春秋战国时期史书的典籍,如编年体的《左传》《公羊传》《穀梁传》,及略具国别断代史性质的《国语》和《战国策》等,各有特色。《左传》一书叙事详备,文笔生动,是中国最早一部史学名著,在先秦史学中成就最高。

如果说,《春秋》是记事之史,《国语》是记言之史,那么《左传》已经发展到成为一种言事两者兼载的编年史了。

二、汉魏南北朝时期

两汉时期出现了两部史学巨著,一是西汉(公元前206—公元3年)时司马迁的《史记》,另一是东汉(公元25—220年)时班固的《汉书》,并称"史汉"。《史记》开创了综合本纪、表、书、世家、列传于一书的纪传体通史体例,记载了二千六百余年间的史事;《汉书》则记西汉一代史事,开创了纪传体断代史的先例。二书各有所长,在中国史学上都有突出的地位和深远的影响。

魏晋南北朝时期的历史著作非常丰富,以断代史和人物传记最多,断代史著作多已亡佚,现存的名著有西晋(公元265—317年)时陈寿的《三国志》和刘宋(公元420—479年)时范晔的《后汉书》

---

① 乔治忠:《中国史学史》(北京:中国人民大学出版社,2011),页60。

等。《史记》《汉书》《后汉书》和《三国志》合称"四史",是正史中的代表作。

三、隋唐五代时期

隋代(公元581—618年)统一和安定的时间较短,只是为其后的史学发展开出端绪。唐代(公元618—907年)史学理论家刘知幾所著的《史通》,对中国古代史学作了系统性的评论,在史书编撰、书事曲直、史家修养、史馆监修等方面,都提出了重要的看法。中唐以后,开始出现旨在"通变"和"致用"的通史,杜佑的《通典》,是中国第一部典制通史。

五代各朝(梁、唐、晋、汉、周)在分裂动荡的政治环境下,仍然设置史馆,史官制度亦大致上承袭唐朝的体例,保持由官方征集史料、纂修实录等史籍的基本格局。隋唐至两宋时期,官方史学发展迅速,中国传统史学的成熟化,首先就是表现于官方史学的建设方面,包括史馆建置与记史、修史制度,以及官方对本朝史事的记述和纂修。

四、宋元时期

北宋(公元960—1126年)时司马光主编的《资治通鉴》是第一部编年体通史,内容以有关国计民生的政治史为重点,在史学上产生很大的影响。南宋(公元1127—1279年)时袁枢据此编成《通鉴纪事本末》,首创将史事分别立目、独立成篇、各篇按时间顺序编写的纪事本末体。

南宋时又有郑樵撰《通志》,是一部纪传体通史;宋末元初马端临撰《文献通考》,是继《通典》之后又一部典制通史,但旨在通古今的典制,而不涉时政。《通典》《通志》和《文献通考》,并称"三通"。

"三通"的影响及于后世,清代和近代都有续作。清代有《续通典》《续通志》和《续文献通考》,又有《清通典》《清通志》和《清文献通考》,合称"九通";连同近代刘锦藻的《清续文献通考》,成为"十通"。

五、明清时期

明朝(公元 1368—1644 年)大致沿袭元朝的史官制度,没有常设的修史馆局,如有修史之事则临时抽调人力,翰林院就是提供修史人员的重要机构。缺乏修史组织,是明朝官方史学不能振作的原因之一。

清代(公元 1644—1912 年)到了乾嘉时期,历史撰述与评论、历史文献学等方面都有成绩,考史著作以王鸣盛的《十七史商榷》、钱大昕的《廿二史考异》、赵翼的《廿二史劄记》为代表,并称"清代三大考史名著"。史学理论家章学诚所著《文史通义》,对中国古代史学作了尖锐的批评,且提出自己的史学见解,在史学理论方面有很大建树。《史通》与《文史通义》是中国古代两大史评,后世亦将刘知幾与章学诚二人并列。

六、近代以来

清朝末年,随着时代的变迁,历史的发展越来越趋复杂多端,以及在西方文化影响下,梁启超倡导新史学,既着眼于创新,实亦致力于中国古代史学的传承。20 世纪初年,出现了不少关于新史学理论和研究方法的著译,中国通史、中国文化史之类的新式著作,亦应运而生。特别值得注意的,是夏曾佑著《中国历史教科书》,分章分节叙述历史事迹,称为"章节体"。其后史学界普遍采用这种体裁,直至现在。

同时值得注重的一事,乃学者于埋首历史研究和撰写史学著作之外,从事历史教学工作者大不乏人,为普及历史知识于大众作出贡献,成为近代史学的一大特色。马克思主义史学传入中国后,唯物史观与中国历史研究的结合取得可观的成绩,1949 年中华人民共和国成立以来,有全面性的发展。

第三节　中国古代史书的体裁

今之言史体者,多以梁启超所分之四体为主,即纪传、编年、纪事本末、政书。扼要而言,纪传体以人物为主,详一人之事迹;编年体以年代为主,详一国之治体;纪事本末兼纪传、编年两者而有之,以事迹为主,详一事之始末;至于政书,则以制度为主,详一制之原委。此外,尚有史评一类的著作。(表 1)

表 1　中国古代史书的体裁

体裁	说明	史书
1. 纪传体(正史)	以人物为中心的史书体裁	《史记》《汉书》等(二十五史/二十六史)
2. 编年体	按年月日顺序编写史书的体裁	《竹书纪年》《春秋》《左传》《资治通鉴》等
3. 纪事本末体	以历史事件为纲的史书体裁	《通鉴纪事本末》《宋史纪事本末》等

(续表)

体裁	说明	史书
4. 政书	以制度为主的史书体裁	《通典》等(三通/十通)
5. 史评	评论史书或史事的著作	《史通》《文史通义》等

一、纪传体史书

亦称"正史",是以人物为中心的史书体裁,始创于西汉时司马迁的《史记》,包括本纪、世家、列传、书、表,历代编纂的"正史"加以沿用,二十四史乃至二十六史,均属此体裁。纪传体有利于考见历史上各类人物的活动和典章制度等,但对于处理事件发生的时间顺序,以及事件与事件之间的相互联系,则较为不便。

中国古代史书本以编年为主体,然自《史记》一书出,纪传体史书即取得正史的地位,必定有其特殊的优点。大抵而言,在其兼容并包,正如赵翼《廿二史劄记》所说:"司马迁参酌古今,发凡起例,创为全史。然后一代君臣政事贤否得失,总汇于一编之中。自此例一定,历代作史者遂不能出其范围。"

二、编年体史书

编年体是按年月日顺序编写史书的一种体裁,如《竹书纪年》《春秋》《资治通鉴》等均是。编年体的好处是以年月为经、史事为纬,读者容易看出同一时期各事件之间的联系;但纪事前后割裂,首尾不能连贯,历史人物生平、典章制度等不能详其原委,都是其缺点。古代的"编年"体,文句极其简短,每条纪事,亦不互相联属,近人梁启超称之为"账簿式的编年体"。新的"编年"体,始于东汉荀悦的《汉纪》。至于编年体的分类,可大略分为两类:其一,历代的"编年",属于"通史",始于《竹书纪年》,而以北宋司马光的《资治通鉴》为代表作;其二,一代的"编年",属"断代史",以《春秋》为其滥觞,而始于《汉纪》。

三、纪事本末体史书

纪事本末体是以历史事件为纲的史书体裁,其方法是将重要史事分别列目,独立成篇,各篇又按年月顺序编写。南宋袁枢据编年史《资治通鉴》改编而成《通鉴纪事本末》,是中国第一部纪事本末体史书。在其影响下,运用这种形式编写史书的人很多,明清时期出现了十多种纪事本末体史籍,自成一个系统。

纪事本末体的优点,是每个历史事件的前后始末,可以一览了然,其好处正如《文史通义》所言:"文省于纪传,事豁于编年。"至于这种体裁的缺点,是往往把史事孤立起来,各题之间缺乏内在联系,同一时期发生的各个事件,亦不能兼顾。内容主要集中于与政治有关的事项,而于文化、学术、社会、经济各方面则多未顾及。[①]

四、政书

政书是以制度为主的史书体裁。《隋书·经籍志》分为"旧事""仪注""刑法"三类,后代目录学家多据此作分类。(一)"旧事"或作"故事",亦作"典故";(二)"仪注"或作"礼法";(三)"刑法"亦作

---

① 方壮猷著《中国史学概要》(武汉:武汉大学出版社,2011 年),页 150—151。

"政刑"，或称"法令"，仅名称上略有不同。清代编《四库全书》，始据钱溥《秘阁书目》合并为"政书"一门。张之洞《书目问答》沿用，成为四种重要史体(纪传、编年、纪事本末、政书)之一。

唐代杜佑撰《通典》，是现存最早和具权威的通史性政书，后人仿撰，而有"三通"以至"十通"。历朝会要、会典，亦属此体。政书分类叙述一代或历代的典章文物制度，较正史的书、志更为丰富、详细和广泛，且按时间顺序记载其沿革，便于阅读和查考。

五、史评

上述四种史书体裁之外，尚有一些评论史书或史事的著作，称为史评，亦即史学评论。有三种：(一)批评史书者，主要是针对作史方法，相当于史学方法论，唐代刘知幾的《史通》、南宋郑樵的《通志》和清代章学诚的《文史通义》，均属此类；(二)批评史事者，就是借讨论史事来表现对于时事的意见，可说是史论，宋代吕祖谦的《东莱博议》、明代张溥的《历代史论》、清代王夫之的《读通鉴论》和《宋论》均是；(三)考证史实者，以论述各时代史实的特征为主要内容，可说是史的考证学，例如北宋司马光撰《通鉴考异》和清代钱大昕的《二十二史考异》、王鸣盛的《十七史商榷》、赵翼的《廿二史劄记》等。

第二章　先秦名著：史学起源和初期发展

第一节　《尚书》：最早的文献汇编

《尚书》的内容和版本

《尚书》是中国最早的历史文献集，原称《书》，汉代始称《尚书》；古人"尚"与"上"通用，意即"上古之书"。儒家把它列为经典之一，因此又名《书经》。

《尚书》分为"典""谟""训""诰""誓""命"六种体例，收集了商、周两代统治者的一些谈话记录、命令、宣言，及春秋、战国时期根据远古材料加工编成的虞、夏史事记载。内容上起尧、舜，下至秦穆公，可以依时代分为"虞书""夏书""商书"和"周书"。相传经过孔子整理，选编成一百篇。秦代焚书，典籍遭受极大损失，其后出现《今文尚书》和《古文尚书》，并且引起学术史上长期的今、古文《尚书》之争。

西汉初年，原秦博士伏生（亦称伏胜）传授二十八篇（亦有分《顾命》及《康王之诰》为二而成二十九篇的），立于学官，因用当时通行的隶书写成，故称《今文尚书》。汉武帝时，相传从孔子旧宅墙壁中发现许多竹简，经孔安国整理出来的《尚书》，比《今文尚书》多出十六篇，因为用汉代以前的文字写成，故称《古文尚书》。刘歆以此争立于学官，但未成功。《古文尚书》由于不是官书，无人传授，不久就亡佚了。

东晋初年，豫章内史梅赜（一作梅颐）向朝廷献上《古文尚书》一部，并有《孔安国传》，唐代孔颖达为之作疏。宋代学者吴棫、朱熹开始怀疑此书，经过明代梅鷟及清代阎若璩、惠栋等人考证，判定为伪作。

现今通行的《十三经注疏》本《尚书》五十八篇，是《今文尚书》和《古文尚书》的合编本。其中属于《今文尚书》的有二十八篇，注疏本分为三十三篇，均属商、周文献的孑遗，是研究中国古代历史的珍贵史料，例如《尧典》之于原始社会、《盘庚》之于商代社会、《禹贡》之于古代地理等。另二十五篇是晚出的伪书，但也有一些参考价值。

《尚书》虽然只是史料，不能算作完整的、系统的史书，但也被公认为中国史籍的滥觞。西汉司马迁作《史记》，就吸收了《古文尚书》二十八篇的大部分材料。《汉书·艺文志》等认为《尚书》记言，《春秋》记事。唐代刘知幾《史通》总汇史家为六大派，而以"尚书家"居首，以《尚书》作为记言的史体，但体例不纯，又有记事的专篇。其实言与事不可决然分开，清代章学诚《文史通义》就反对这样的划分，举述"《尚书》典、谟之篇，记事而言亦见焉。事见于言，言以为事，未尝分言、事为二物也"（《书教》上）。清代学者还指出，后代纪事本末的史书体例，是本于《尚书》的。《尚书》的通行注本，有唐代孔颖达的《尚书正义》、清代孙星衍的《尚书今古文注疏》等。

周书·无逸

　　周公曰："呜呼！君子所其无逸。先知稼穑之艰难，乃逸；则知小人之依。相小人，厥父母勤劳稼穑，厥子乃不知稼穑之艰难，乃逸乃谚。既诞，否则侮厥父母，曰：'昔之人无闻知。'"周公曰："呜呼！我闻曰：昔在殷王中宗，严恭寅畏，天命自度，治民祗惧，不敢荒宁，肆中宗之享国七十有五年。其在高宗，时旧劳于外，爰暨小人，作其即位，乃或亮阴，三年不言，其惟不言，言乃雍。不敢荒宁，嘉靖殷邦。至于小大，无时或怨。肆高宗之享国五十有九年。其在祖甲，不义惟王，旧为小人。作其即位，爰知小人之依，能保惠于庶民，不敢侮鳏寡。肆祖甲之享国三十有三年。自时厥后立王生则逸！生则逸，不知稼穑之艰难，不闻小人之劳，惟耽乐之从。自时厥后，亦罔或克寿，或十年，或七八年，或五六年，或四三年。"周公曰："呜呼！厥亦惟我周太王、王季，克自抑畏。文王卑服，即康功田功。徽柔懿恭，怀保小民，惠鲜鳏寡。自朝至于日中昃，不遑暇食，用咸和万民。文王不敢盘于游田，以庶邦惟正之共。文王受命惟中身，厥享国五十年。"周公曰："呜呼！继自今嗣王，则其无淫于观、于逸、于游、于田，以万民惟正之供。无皇曰：'今日耽乐。'乃非民攸训，非天攸若，时人丕则有愆。无若殷王受之迷乱，酗于酒德哉。"周公曰："呜呼！我闻曰：'古之人犹胥训告，胥保惠，胥教诲；民无或胥诪张为幻。'此厥不听，人乃训之；乃变乱先王之正刑，至于小大。民否则厥心违怨；否则厥口诅祝。"周公曰："呜呼！自殷王中宗及高宗及祖甲，及我周文王，兹四人迪哲。厥或告之曰：'小人怨汝詈汝！'则皇自敬德。厥愆，曰：'朕之愆。'允若时，不啻不敢含怒。此厥不听，人乃或诪张为幻。曰：'小人怨汝詈汝！'则信之。则若时，不永念厥辟。不宽绰厥心，乱罚无罪，杀无辜，怨有同，是丛于厥身。"周公曰："呜呼！嗣王其监于兹！"

（《尚书正义》卷第十六）

第二节　《春秋》：最早的编年体史书

孔子（公元前 551—前 479 年），名丘，字仲尼，鲁国陬邑（今山东曲阜东南）人，是春秋末年的思想家、教育家、政治家，儒家学派的创始人。幼年丧父，曾做过管理仓库的"委吏"和看管牛羊的"乘田"。中年时担任过鲁司寇，后来被迫离职，周游列国，宣扬自己的政治理论，但终不见用。晚年回到鲁国，致力教育。

相传孔子曾整理《诗》《书》，删修《春秋》。他的言论由学生辑录整理，而成《论语》一书。孔子学说以"仁"为中心，讲求"礼""乐"，企图以"正名"的主张维护宗法制的贵族统治。历代统治者尊孔子为圣人，孔子思想影响中国文化达两千多年。《诗经》《尚书》《仪礼》《周易》《春秋》《乐经》是儒家的六部经典著作，称为"六经"。

《春秋》是孔子根据鲁国史官所编的史书重新修订而成的。[①]按照鲁国十二个君主的次序，记述了从鲁隐公元年（周平王四十九年；公元前 722 年）到鲁哀公十四年（周敬王三十九年；公元前 481 年）间二百四十二年的历史。后人且把书中所包括的时代，称为"春秋时代"。

---

① 孔子自言"述而不作"（见《论语·述而》），《春秋》的作者应是鲁国史官，孔子可能作了文字上的修改，所以孔子作《春秋》的旧说不可信。参赵光贤《春秋与左传》，仓修良主编《中国史学名著评介》第 1 卷（济南：山东教育出版社，1990 年），页 26。

《春秋》的内容，以军事、政治活动如战争、会盟、朝聘等为主，也涉及一些关于自然现象（日蚀、地震、水灾、旱灾、虫灾等）和杂项（祭祀、婚丧、宫室等）。全书总计一万八千字，分条记事，不相联属。其写法是在一年之下标出四季，再加日期，然后写出史事。文句极为简短，每条最多不过四十七字，最少仅有一字。用意是要隐寓褒贬，使乱臣贼子知所畏惧，借以匡时救世；所以书中对当时政治事件均有所评论，成为一大特色。后世有些史家刻意仿效这种《春秋》笔法，在史学上有相当的影响。

自西汉以来，《春秋》被儒家奉为经典，列为五经之一，故又有《春秋经》之称。但因此书记事过简，没有详尽写出每一事件的原委，加上措辞隐晦，难以了解，所以后代便出现了补充和解释的著作。《春秋》三传之中，《左氏传》以述事为主，具有很高的史料地位；《公羊传》及《穀梁传》以述义为主，所以史料价值不及《左氏传》。

从史学方面来说，《春秋》是中国现存最早的编年史，对后世编年体史书的发展产生了很大的影响；又是第一部私修的史书，在史学史上具有一定的意义。

第三节　《左传》：最早的史学名著

一、《左传》的作者和内容

《左传》是《春秋左氏传》的简称，又叫《左氏春秋》《春秋内传》，是《春秋》三传之一。此书作者，相传是与孔子同时的鲁国史官左丘明①,学界对此也有加以怀疑的,迄今尚无定论。实际成书时间,应当在战国中期。②

《左传》对春秋时期东周王朝及各诸侯国的盛衰兴亡作了极为详尽、生动的记载,并保存了有关东周时期的丰富史料,包括政治制度、阶级关系、民族关系、社会变革、思想文化、典章名物等方面,对史前传说时代和夏、商、周、西周时期的历史亦有所追记。

《左传》具有极高的史料价值,对于研究先秦史、特别是春秋史,是非常重要的;加上记事详赡,文辞优美生动,不但是一部完整的编年史,同时也是优秀的文学作品。

西汉末年,刘歆曾对本书有所改动;西晋杜预为本书注解时,又重加编排。③今本《左传》计六十卷,共十八万字,已非原来面目。

二、《春秋》与《左传》的比较

关于《左传》解释《春秋》的问题,学者看法很不一致。有人认为它是为《春秋》作注解的,也有人认为它与《春秋》不存在互相依附的关系,而是一部独立的史书。无论如何,《左传》明显的有一些地方不同于《春秋》,并不受《春秋》所局限,主要包括:

第一,《春秋》记事起自鲁隐公元年(公元前 722 年),止于鲁哀公十四年(公元前 481 年);《左传》则止于鲁哀公二十七年(公元前

---

① 左丘明,鲁国人。一说姓左丘,名明;一说姓左,名丘明。双目失明,曾任鲁太史。与孔子同时期,或谓在孔子之前。著《国语》,相传《左传》亦是他所作。

② 《中国大百科全书·中国历史 3》,罗世烈所撰"《左传》"条,指出"从内容来看,该书应属战国中期作品,不可能成于比孔子尚早的左丘明之手,但其主体可能是左丘明讲述的史事,因而最后的编订者才以他主名"(页 1639)。向来又有人认为《左传》是西汉刘歆伪作之说,非是。

③ 杜预作《春秋经传集解》,始将《春秋》与《左传》合编为一书,博采汉儒解说,考订异同,自成专门之学。后世以《左传》与《春秋》合刊,并列为儒家"十三经"之一。

468 年），还保存了春秋以前的一些史事和传记。

第二，两书所录史事不尽相同，有时见于《春秋》，而不见于《左传》，有时则见于《左传》而不见于《春秋》。

第三，《左传》不以一国为中心，除鲁国历史外，更系统叙述当时几个主要诸侯国家的史事。

第四，《左传》内容不限于政治，往往涉及社会各个方面；对于大事固多详叙，然所谓琐语一类亦每采集不遗，故较具体地反映出当时的社会实态。

三、"春秋三传"的异同

《左传》与《公羊传》《穀梁传》并称"春秋三传"，简称"三传"，即解释《春秋》的三种著作。《左传》内容以述事为主，具有很高的史料价值；至于《公羊传》和《穀梁传》，则以述义为主。（表 2）

《公羊传》亦名《春秋公羊传》《公羊春秋》，是孔子后学专门阐述《春秋》的著作。① 全书以问答体逐条阐发孔子作《春秋》时的"微言大义"，据以评判春秋历史事件的道德原则。流行的注本有东汉何休的《春秋公羊解诂》。

《穀梁传》亦名《春秋穀梁传》《穀梁春秋》，是孔子后学阐述《春秋》的著作。② 体裁与《公羊传》相仿，亦以问答体逐条阐发孔子《春秋》所蕴含的政治伦理思想和史学编纂思想，是研究孔子思想和儒家学说的重要资料。流行的注本有晋范宁的《春秋穀梁传集解》。

---

① 《公羊传》旧说是战国时公羊高所撰，一说汉景帝时始由公羊寿与胡母生写定成书。汉时立为官学。

② 《穀梁传》旧说是战国时穀梁赤所撰，一说西汉时始写定成书。汉时立为官学，但地位不及《公羊传》。

表 2　《春秋》与"三传"的内容

书名	内容起讫	编撰者及内容特色	原文选段
《春秋》（亦称《春秋经》）	起于鲁隐公元年（公元前 722 年），终于鲁哀公十四年（公元前 481 年），计二百四十二年。	• 相传是孔子依据鲁国史官所编《春秋》加以整理修订而成； • 中国最早的编年体史书，文字简短，相传寓有褒贬之意，后世称为"春秋笔法"。	隐公元年，春，王正月。 ……
《左传》（亦称《春秋》或《左氏传》《左氏春秋》）	起于鲁隐公元年（公元前 722 年），终于鲁哀公二十七年（公元前 468 年），比《春秋》多出十余年，其叙事更至鲁悼公十四年（公元前 454 年）	• 旧传春秋时左丘明所撰，清代刘歆改编，近人认为是战国初年据各国史料编成； • 多用《公羊传》《穀梁传》同《公羊传》《穀梁传》完全用义理解释有异，书中保存了大量古代史料，文字优美，记事详明。	隐公元年 惠公元妃孟子，孟子卒，继室以声子，生隐公。宋武公生仲子，仲子生而有文在其手，曰为鲁夫人，故仲子归于我，生桓公而惠公薨，是以隐公立而奉之。 元年，春，王周正月，不书即位，摄也。 ……

（续表）

书名	内容起讫	编撰者及内容特色	原文选段
《公羊传》 （亦称《春秋公羊传》或《公羊春秋》）	与《春秋》相同。	• 相传是战国时公羊高所撰,初仅口说流传,汉景帝时,其玄孙公羊寿与弟子胡母生著录成书; • 专门阐释《春秋》的"微言大义",史事记载较简略,历代今文经学家常用它作为议论政治的工具,是研究战国、秦汉间儒家思想的重要资料。	（隐公）元年春王正月。元年者何?君之始年也。春者何?岁之始也。王者孰谓?谓文王也。曷为先言王而后言正月?王正月也。何言乎王正月?大一统也。公何以不言即位?成公意也。何成乎公之意?公将平国而反之桓。曷为反之桓?桓幼而贵,隐长而卑,其为尊卑也微,国人莫知。隐长又贤,诸大夫扳隐而立之。隐于是焉而辞立,则未知桓之将必得立也。且如桓立,则恐诸大夫之不能相幼君也,故凡隐之立为桓立也。隐长又贤,何以不宜立?立適以长不以贤,立子以贵不以长。桓何以贵?母贵也。母贵则子何以贵?子以母贵,母以子贵。……
《穀梁传》 （亦称《春秋穀梁传》或《穀梁春秋》）	与《春秋》相同。	• 相传是穀梁赤所撰,后传其子据其口述记录成书,成于西汉时; • 以阐释《春秋》"经义"为主,体裁与《公羊传》相近,但较审慎、质朴,是研究战国、秦汉时期儒家思想的重要资料。	（隐公）元年春王正月。虽无事,必举正月,谨始也。公何以不言即位?成公志也。焉成之?言君之不取为公也。君之不取为公何也?将以让桓也。让桓正乎?曰不正。《春秋》成人之美,不成人之恶。隐不正而成之,何也?将以恶桓也。其恶桓何也?隐将让而桓弑之,则桓恶矣。桓弑而隐让,则隐善矣。善则其不正焉何也?《春秋》贵义而不贵惠,信道而不信邪。孝子扬父之美,不扬父之恶。先君之欲与桓,非正也,邪也。虽然,既胜其邪心以与隐矣,己探先君之邪志,而遂以与桓,则是成父之恶也。兄弟,天伦也。为子,受之父,为诸侯,受之君。已废天伦而忘君父,以行小惠,曰小道也。若隐者,可谓轻千乘之国,蹈道则未也。

第四节　《竹书纪年》《国语》《战国策》

一、《竹书纪年》：编年体通史

《竹书纪年》本称《纪年》，因西晋武帝时在汲郡战国魏襄王墓中发现大批竹简书，此为其中一种，故名《竹书纪年》，又叫《汲冢纪年》。此书原有十三篇，是魏国的编年体史书，记事起自黄帝（一说起自夏、殷、周），至周幽王为犬戎所杀，即以晋事接之；三家分晋后，专述魏事，止于魏襄王二十年（公元前 299 年）。

书中若干史事可以纠正《史记》的谬误，故当时受到一些学者的重视。但因部分记载与传统经籍之说不合（如：益干启位，启杀之；太甲杀伊尹；文丁杀季历等），受到另一些学者的贬斥，流传不广，大约在两宋时期亡佚。其后有人杂采各书，编为二卷，即《今本竹书纪年》。清代朱右曾以其不可信，为追复古本，乃广稽群籍所引之文，辑成《汲冢纪年存真》二卷。近人王国维加以补正，成《古本竹书纪年辑校》一卷，堪称善本，但还不免有编次不当及误字缺文等现象，范祥雍再为此书作了补订。辑本虽非原书，仍不失为研究古代史的重要资料。

二、《国语》：以记言为主的著作

《国语》相传为春秋末年鲁国史官左丘明所作，是中国最早的一部国别史。内容上起西周穆王征犬戎（约公元前 967 年），下讫赵、韩、魏灭智伯（公元前 453 年），记述了大约五百多年间周、鲁、齐、晋、郑、楚、吴、越八国史事,共二十一卷。所载主要是各国卿大夫有关政治的言论,也有一些记事。不过各国所占的比重不尽相等,例如关于晋国的很多,关于郑国的甚少。

由于《国语》和《左传》都被认为是左丘明所作,两书的语言风格也很接近,所以古人每每称《左传》为《春秋内传》,而称《国语》为《春秋外传》。其实《国语》与《左传》的区别,就是国别史和编年史的区别,详略和重点自然各有不同。唐代以来,有些学者提出怀疑,认为《国语》只是左丘明选录的列国史书原文,并非手撰;更有人认为今本《国语》已被人窜改,并非原来面目。无论如何,书中保存了许多珍贵的古代的史料(特别是春秋时期的),可与《左传》互相参证;而且,这种按国记述史事的体裁,对后世颇具影响,陈寿的《三国志》、常璩的《华阳国志》、崔鸿的《十六国春秋》、吴任臣的《十国春秋》,都是从《国语》的体例发展而来的。

三、《战国策》:战国史事和言论集

《战国策》,作者不详,原有《国策》《国事》《事语》《短长》《长书》《修书》等名称和本子,后经西汉刘向整理编定,始命名为《战国策》。这是一部记载战国时期史事和策士议论、权谋的汇集,今本有《西周策》《东周策》《秦策》《齐策》《楚策》《赵策》《魏策》《韩策》《燕策》《宋、卫策》及《中山策》,共三十三篇,资料丰富,文词优美,是研究战国史的重要依据。但书中也有夸张和虚构之处,不尽与史实相符。其体例属国别史,与《国语》相似,故后世每以两书并称。

东汉末年,高诱为《战国策》作注,其后渐有散失,北宋曾巩重新校定。南宋时出现了两种本子:一是姚宏的续注本,即今流行的

三十三卷高注本；一是鲍彪改定编次的新注本，虽便于读者，但有不少谬误。元代吴师道在新注本的基础上再参用姚本，作《战国策校注》纠正其失，为学者所推崇，成为一部较佳注本，即今所见的鲍、吴注十卷本。

邹忌讽齐王纳谏

邹忌修八尺有余，身体映丽。朝服衣冠窥镜，谓其妻曰："我孰与城北徐公美？"其妻曰："君美甚，徐公何能及公也！"城北徐公，齐国之美丽者也。忌不自信，而复问其妾曰："吾孰与徐公美？"妾曰："徐公何能及君也！"旦日，客从外来，与坐谈，问之客曰："吾与徐公孰美？"客曰："徐公不若君之美也！"

明日，徐公来。孰视之，自以为不如；窥镜而自视，又弗如远甚。暮，寝而思之曰："吾妻之美我者，私我也；妾之美我者，畏我也；客之美我者，欲有求于我也。"

于是入朝见威王曰："臣诚知不如徐公美，臣之妻私臣，臣之妾畏臣，臣之客欲有求于臣，皆以美于徐公。今齐地方千里，百二十城，宫妇左右，莫不私王；朝廷之臣，莫不畏王；四境之内，莫不有求于王。由此观之，王之蔽甚矣！"王曰："善。"乃下令："群臣吏民，能面刺寡人之过者，受上赏；上书谏寡人者，受中赏；能谤议于市朝，闻寡人之耳者，受下赏。"

令初下，群臣进谏，门庭若市。数月之后，时时而间进。期年之后，虽欲言，无可进者。燕、赵、韩、魏闻之，皆朝于齐。此所谓战胜于朝廷。

（《战国策》卷八）

第三章　历代正史："二十六史"内容概要

第一节　"二十六史"的编撰情况

"正史"原意是指最正规、最重要的史书,其名始见于南朝梁阮孝绪撰《正史削繁》,《隋书·经籍志》史部以《史记》《汉书》等纪传体著作为正史,居于首位。唐代刘知幾著《史通》,认为《尚书》《春秋》及以后的编年体、纪传体史书都是正史。至《明史·艺文志》,则以纪传、编年二体并称正史。清代乾隆年间编辑《四库全书总目》,仅以纪传体为正史,并诏定《史记》至《明史》二十四种为正史,自此正史遂成为二十四史所专有的名称。

《史记》是中国第一部贯通古今的通史,《汉书》继而创立断代为书的体例,自此每代都有一部史书来总结一朝的史实,时代愈晚,书便愈多,所以就用数目字来统括诸史。最初有"三史"的名目,其后有"四史""十三史""十七史""二十一史""二十二史"和"二十四史",延至近代,就出现了"二十五史""二十六史"的名称。(表3)

表3 纪传体史书总称的演变

总称	书名	撰著时代	备注
三史	1.《史记》 2.《汉书》 3.《后汉书》	西汉 东汉 南朝宋	魏晋南北朝时"三史"指《史记》《汉书》《东观汉记》,唐以后《东观汉记》失传,代以《后汉书》。
四史	4.《三国志》	西晋	亦称"前四史"。
(唐代)十三史	5.《晋书》 6.《宋书》 7.《南齐书》 8.《梁书》 9.《陈书》 10.《魏书》 11.《北齐书》 12.《周书》 13.《隋书》	唐 梁 梁 唐 唐 北齐 唐 唐 唐	《宋书》《南齐书》《梁书》《陈书》《魏书》《北齐书》《周书》《隋书》八部记载南北朝和隋朝的史书,习惯上称为"八书"。"十三史"或称"十三代史"。
(宋代)十七史	14.《南史》 15.《北史》 16.《新唐书》 17.《新五代史》	唐 唐 北宋 北宋	
(明代)二十一史	18.《宋史》 19.《辽史》 20.《金史》 21.《元史》	元 元 元 明	
(清代)二十二史	22.《明史》	清	
(清代)二十四史	23.《旧唐书》 24.《旧五代史》	后晋 北宋	至今仍多沿用"二十四史"之称。
(民国)二十五史	25.《新元史》	民国	1921年北洋政府下令列为"正史"。
(现代)二十六史	26.《清史稿》	民国	近年提出的说法,但也有人不表同意。

三史：魏晋南北朝时期称《史记》《汉书》《东观汉记》①为三史；唐以后《东观汉记》失传，以《后汉书》补上，与《史记》《汉书》并称"三史"。

四史：一般总称《史记》《汉书》《后汉书》《三国志》为"四史"。因在二十四史中列于前面，又称为"前四史"。

十三史：唐代把《史记》《汉书》《后汉书》《三国志》《晋书》《宋书》《南齐书》《梁书》《陈书》《魏书》《北齐书》《周书》《隋书》称为"十三代史"或"十三史"。

十七史：宋代在唐人所称的十三史外，加上《南史》《北史》《新唐书》《新五代史》，称为"十七史"。

二十一史：明代在宋人所称的十七史外，加上《宋史》《辽史》《金史》《元史》，合称"二十一史"。

二十二史：清代乾隆初年，官修《明史》告成，列于二十一史之后，合称"二十二史"。

二十四史：清代乾隆时于二十二史之外，加入《旧唐书》及《旧五代史》，合称"二十四史"。时至今日，仍多沿用此称。总计三千二百二十九卷，记载了从传说中的黄帝至明朝末年共四千多年的史事。过去较流行的版本，有清朝官刻武英殿本及民国时期商务印书馆的百纳本②；中华人民共和国成立后，对二十四史加以整理和标点，对研究者提供了很大方便，亦易于阅读。

二十五史：1921年，北洋政府大总统徐世昌下令把柯劭忞所著

---

　　① 《东观汉记》是东汉官修的本朝纪传体史书，东观在洛阳宫殿中的南宫，藏书甚丰，是当时修史之处。

　　② 百纳本二十四史，是集各史较早的刻本影印，原书刻误多据殿本修改，但亦有误改之处。

的《新元史》列为"正史",与旧有二十四史合称"二十五史"。1935年开明书店出版《二十五史人名索引》,翌年又编印《二十五史补编》①。

二十六史:近年才开始使用,是二十五史连同《清史稿》的合称。也有学者认为,《清史稿》只是史稿,不应列入"正史"。

八书与二史:正史之中,有十部是记述南北朝史事的,《宋书》《南齐书》《梁书》《陈书》《魏书》《北齐书》《周书》《隋书》,并为"八书",《南史》《北史》合称"二史"。"八书""二史"之间,有着彼此联系而又错综互补的密切关系。

第二节 先秦两汉三国史

一、《史记》:记黄帝至汉初历史

西汉司马迁(公元前145—前87年)撰。此书原称《太史公书》,东汉以后始称今名。内容记载自黄帝至汉武帝时期将近三千年的历史,包括政治、军事、经济、文化、民族诸方面,是中国第一部纪传体通史,共一百三十篇。

《史记》包括五部分:(一)本纪十二篇,记载历代帝王世系与国家大事。(二)表十篇,记载帝王、诸侯、贵族、将相大臣的世系、爵

---

① 二十五史之中,表志全备的只有《史记》《汉书》《新唐书》《宋史》《辽史》《金史》《元史》《新元史》《明史》九部,全无表志的有《三国志》等七部。各书所载表志,错误缺漏的也颇不少,例如《史记》《汉书》,都没有兵制专篇。自宋代起,学者即进行增补,如钱文子《补汉兵志》之类;清代万斯同撰《历代史表》,其他学者或补作前史所缺,或就已有的表志加以校正和考释,成书极多。上海开明书店搜集增补的表志及相关的考释著作共二百四十种,汇集成书,题为《二十五史补编》六册(1936年),与二十五史相辅而行。

位与简要政迹;分世表、年表、月表三种。(三)书八篇,分别记述天文、历法、礼、乐、封禅、水利、经济等制度和情况。(四)世家三十篇,主要记述西周、春秋、战国时期诸侯国的世系及历史,以及汉朝丞相、功臣、宗室、外戚的事迹;对于在历史上有特殊文化地位的孔子和特殊政治地位的陈涉,也有专篇叙述。(五)列传七十篇,占全书最多篇幅,除记述社会各阶层及各方面的重要历史人物外,还记述了各少数民族及邻国的历史;最后《太史公自序》一篇记叙作者的家世生平,并说明本书的撰著经过和旨意等。

在全书各篇中,作者还发表了他对历史事件和有关人物的评论,以"太史公曰"标明。本书文字优美,叙述生动,所创的纪传体更为历代撰史者所遵循取法。

二、《汉书》:记西汉历史

东汉班固(公元 32—92 年)等撰。内容起自汉高帝元年(公元前 206 年),讫于王莽地皇四年(公元 23 年),记述了西汉一代二百三十年间的历史。全书共一百篇,包括十二纪、八表、十志和七十列传,后人析为一百二十卷。

《汉书》在体例上继承《史记》而略有变更,如改"书"为"志";取消"世家";增《刑法》《五行》《地理》《艺文》四志及《百官公卿表》《古今人表》。书中记汉初至武帝中叶史事,虽沿用《史记》资料,但对史文颇有损益,并补充新材料,加《惠帝纪》《张骞传》《西域传》等。班固死时,八表及《天文志》尚未完成,汉和帝命班昭补作,又命马续助撰《天文志》。

《汉书》开纪传体断代史的法式,成为后世修撰"正史"的准绳,影响深远。惟文句深奥,不易通晓,即使当时的人也难完全了解;东汉著名学者马融就曾受读于班昭,后人更不断为此书作注。

三、《后汉书》:记东汉历史

南朝范晔(公元 398—445 年)撰。此书原只九十卷,包括纪十卷及传八十卷,没有志。南朝梁刘昭作注时,取西晋司马彪《续汉书》中的志三十卷补上,北宋时合刊为一书,所以共有一百二十卷。

《后汉书》记载东汉一代由光武帝至献帝一百九十五年的历史。在此以前,用纪传体编写东汉事迹的史书已有多种,但范晔认为都不符理想,乃以东汉官修的《东观汉记》为主要依据,参考众家之长,撰成此书。他仿晋华峤《后汉书》列《皇后纪》;又增《党锢》《宦者》《文苑》《独行》《方术》《逸民》《列女》《孝子》诸传;每篇之末,《论》后又附以《赞》。

《后汉书》问世后深受好评,为学者所重视。后因《东观汉记》失传,唐时以此书与《史记》《汉书》并称"三史",其他有关东汉史的著作就逐渐湮没了。

四、《三国志》:记三国历史

西晋陈寿(公元 233—297 年)撰。此书记魏、蜀、吴三国史事,凡六十五卷,其中《魏书》三十卷,《蜀书》十五卷,《吴书》二十卷。虽属纪传体,但只有纪、传而无表、志,是最大的缺点。书中以魏为正统,对魏君称帝,对蜀、吴之君则称主。在此之前,已有人分别撰成魏、吴二国史书,而合三国史事为一书,则自陈寿始。

《三国志》取材谨严,文笔简净,记事比较真实,大体上不采传闻杂说,剪裁颇称用心。但于叙述魏、晋交替之际,对司马氏有所回护,开后代修史的恶例。而且载述往往过于简略,例如:(一)魏国的屯田制度,在《魏书·武帝纪》及《任峻传》两处的记载仅五十四字;(二)著名哲学家王弼的事迹,附于《魏书·锺会传》内,只二十三字;(三)著名科学技术家马钧,则未著一词。不过全书成于陈寿一人之手,叙事得法,虽有以上的缺陷,仍不失为史学名著之一。

第三节　两晋南北朝隋史

一、《晋书》:记两晋十六国历史

唐代房玄龄(公元 579—648 年)等奉太宗敕命修撰,参与其事而有姓名可查的共二十一人。由于唐太宗曾为《宣宗》《武帝》二纪及《陆机》《王羲之》二传撰写史论,所以又题"御撰"。

《晋书》记载西晋(公元 265—316 年)、东晋(公元 318—420 年)及十六国的历史,包括本纪十卷、志二十卷、列传七十卷、载记三十卷,共一百三十卷。编修时主要以臧荣绪《晋书》为蓝本,初名《新晋书》以示区别,后臧书亡佚,遂称《晋书》。修史体例由敬播等拟订,但未流传下来。

书中《天文》《律历》《五行》三志,出自李淳风之手,最为可观;令狐德棻等擅长文学,其纪、传叙事皆爽洁老劲;又首创"载记"一体,叙述十六国事。但因修撰时没有充分利用和考核当时尚存的各家晋史和晋代史料,又好采神怪小说入史,书成后曾受指责;此外还有记载舛讹、前后矛盾之处;又缺《艺文志》及史表。臧荣绪等有关晋代的诸家著述今已亡佚,此书对于研究晋代及十六国时期史事,具有重要的参考价值。

二、《宋书》:记南朝宋历史

南朝梁沈约(公元441—513年)撰。此书记南朝宋(公元420—479年)一代事迹,由东晋安帝义熙元年(公元405年)刘裕当权之时起,至宋顺帝升明三年(公元479年)宋亡为止。计有本纪十卷、列传六十卷、志三十卷,共一百卷。

《宋书》以资料繁富著称,除记事外,还收载当时人的许多奏议、书札和文章。其中《州郡志》详记南方地区自三国以来的地理沿革,及东晋以来侨置州郡的分布情况和各州郡户口数;《律历志》收录《景初历》《元嘉历》及《大明历》全文;《乐志》收录许多汉魏乐府诗篇,都能反映当时社会、政治、经济、文化的面貌。但因作者历仕宋、齐、梁三朝,对于改朝换代的政治现象多有曲饰不实之处;书中无《食货》《艺文》二志,又于《五行志》外特创《符瑞志》,强调帝王政权为天授,都是主要的缺点。

三、《南齐书》:记南朝齐历史

南朝梁萧子显(公元489—537年)撰,记述南朝齐(公元479—502年)二十三年间的历史。原名《齐书》,北宋时加"南"字,以别于唐代李百药所撰的《北齐书》。《南齐书》原为六十卷,唐玄宗开元中佚去《序录》一卷,今存五十九卷,计有纪八卷、志十一卷、传四十卷。

萧子显为齐宗室,仕于梁朝而作齐史,故有虚美隐恶之处;《五行志》和《祥瑞志》宣扬封建迷信,多怪诞可笑之说;而州郡不着户口,也是一大缺点。《百官志》一篇较好,简要而有条理,能够写出前后变革的情况。后人只推许此书"文辞简净"。

四、《梁书》:记南朝梁历史

唐代姚思廉(公元 557—637 年)撰。记南朝梁(公元 502—557 年)五十六年间大事,五十六卷,计本纪六卷、列传五十卷。隋文帝开皇年间,诏前陈史官姚察修撰梁、陈二史,未成而卒;炀帝时其子姚思廉奉诏续修,旋因战乱,亦未成书;后于唐贞观初年再受诏续修,由魏征监领其事,与《陈书》同时告成。

《梁书》多存梁朝国史旧文,叙事详备,行文简练,是南朝各史中较好的一部。特别可以重视之处有三:(一)史学家裴子野、萧子显、吴均的生平事迹,记述详审;(二)《儒林传》保存范缜《神灭论》《无因果论》,最为珍贵;(三)《诸夷传》记述南海诸国的历史、风俗、物产,及与梁、陈在经济、文化方面的交往关系,亦很有价值。

五、《陈书》:记南朝陈历史

唐代姚思廉撰。记南朝陈(公元 557—589 年)三十三年间大事,三十六卷,计本纪六卷、列传三十卷。此书《梁书》同时修撰,作者除利用其父姚察旧稿外,并采录了陈"国史"等资料。

由于姚察是陈的吏部尚书,所以书中常为当政者回护;记事比较简单,又多皇族事迹,对当时的经济、文化状况反映得很少。当然,陈朝本身无所建树,是先天的因素。本纪和《皇后传》的论赞出于魏徵之手,但其论述与姚氏父子不尽相合,也可以说是一个缺点。总的来说,此书在内容方面,与《梁书》相去甚远;文字则极精练,一洗六朝芜冗之习。

六、《魏书》:记北魏(包括东魏)历史

北齐魏收(公元510—572年)撰。此书记述北魏(包括东魏)史事,起于魏道武帝登国元年(公元368年),至孝静帝武定八年(公元550年),凡一百八十三年。计有本纪十四卷、列传九十六卷、志二十卷,共一百三十卷。书成之后,由于多人责其叙事不实,孝昭帝及后主时两次命魏收改写,始成定本。

《魏书》虽被指为"秽史",但也有很多可取之处,不能全面加以否定。它在资料和内容方面都不贫弱,尤以叙述拓跋部及各族人民的活动、北方门阀制度等处为详。并独创两志:(一)《官氏志》,除详记官制、阶品外,还列举拓跋部和所属部落的姓氏及孝文帝所改汉姓,是研究姓氏的重要资料;(二)《释老志》,叙述佛教、道教在北方流传的情况及寺院经济的发展,是研究宗教史的重要资料。此外《食货志》记载了均田制度及北方的经济情形,也有很高的史料价值。

《魏书》在唐、宋之际已有二十九卷残缺不全,后人取他书补上,宋代刘恕、范祖禹等人为之校订,补缺诸卷,也作了疏。

七、《北齐书》:主要记北齐历史

唐代李百药(公元565—648年)撰。原名《齐书》,宋时加"北"字,以别于萧子显的《南齐书》。李百药之父李德林,在北齐时曾预修齐史,创纪、传二十七卷;隋朝开皇初年又奉诏续撰,增至三十八

卷。唐太宗贞观年间,命李百药据其父旧稿续修,以十年告成。

北齐自高洋称帝起计,立国只二十七年(公元 550—577 年);本书内容,则从高欢当权开始,记述了东魏以来大约八十年间的史事。计有帝纪八卷、列传四十二卷,共五十卷。大致仿《后汉书》体例,卷后各系论赞,亦无表志。书中掺有很多当时的白话文,是一个特点。原书在北宋以后散佚颇多,后人取《北史》等书补足,因而间有前后文不连贯及记事详略不等的毛病。今本保存原著约十七卷。

八、《周书》:主要记北周历史

唐代令狐德棻(公元 583—666 年)等撰。五十卷,包括本纪八卷、列传四十二卷。北周立国只有二十六年(公元 557—581 年),此书并记宇文觉称帝前数十年史实;而于北周史事之外,兼述东魏、北齐和南朝梁、陈的情况,使天下形势一目了然,并可补他书的不足。例如:(一)本纪记叙南北诸政权变易的局面,较《北史》条理清晰;(二)梁武帝孙萧詧与梁元帝结怨,逃到北方投降于魏,在江陵建立后梁,传三世,《梁书》不为立传,此书特立《萧詧传》,并附录其臣僚二十六人事迹,保存了一代史实。

此外,赵贵等人的合传之后,总叙有关兵制的八柱国、十二将军的情况,从中可以看到唐代府兵制的来源;列传中的类传标题只有《皇后》《儒林》《孝义》《艺术》《异域》五目,颇为简明,也是可取之处。不过叙事失实及编次不当,还是不能避免的。原书传至北宋经已残缺,宋仁宗时林希、王安国取《北史》等书补缀而成今本。

九、《隋书》:主要记隋代历史

唐朝魏征(公元 580—643 年)等撰。贞观年间诏修隋书,以魏征为监修,颜师古、孔颖达、许敬宗等参与其事,成五十五卷(帝纪五卷、列传五十卷),均为纪传。由于序、论都是魏征所作,故题魏征撰。

唐初梁、陈、周、齐、隋五代历史同时修撰,而各朝制度又多有承袭及相同之处,因此诸书都没有志,另诏于志宁、李淳风、韦安仁、李延寿等修《五代史志》。书成,计分十目,共三十卷,由监修长孙无忌奏上,故题长孙无忌撰。当时梁、陈各书已成单行本,遂并入《隋书》中,习惯上称为"隋志"。所以《隋书》实际上是由纪传和志两个部分组合而成的,共有八十五卷。

《隋书》纪传部分记载了隋文帝开皇元年(公元 581 年)至恭帝义宁二年(公元 618 年)三十八年间的史事。作者每以隋亡为鉴,所以详载当政者残暴荒淫及民间反抗的事实,叙事及论赞比较突出人事对国家兴亡的关系;列传中保存了很多珍贵资料,如《万宝常传》记录《乐谱》凡六十四种,《张胄玄传》记载精密的天文推算,《临孝恭传》记载《欹器图》及《地动铜仪经》,《流求传》及《陈棱传》记载台湾居民的社会组织、经济生活及与大陆联系的状况等。十志内容历叙五朝的典章制度,而详于隋代;其中《经籍志》创立经、史、子、集四部分类法,以后长久成为书籍分类的标准。

十、《南史》:记南朝历史

唐代李延寿撰。记述南朝宋、齐、梁、陈四个朝代总共一百七十年的历史,计有本纪十卷、列传七十卷,共八十卷。隋时已有多种关于南北朝的史书,但因南北分隔,各史都只详于本国,记事也往往失实。李延寿的父亲李大师,仿《吴越春秋》用编年体修撰南北朝史,未完稿而卒;李延寿改用纪传体续修,终于写成《南史》和《北史》。这两种史书的修撰,适应了隋唐时代全国统一、民族融合的历史发展趋势。

《南史》大体是删补南朝各书而成,其中《宋书》删削较大,《梁书》则增补较多。叙事简洁易读,与南朝各书相较,亦少迂回转折之处;尤为可贵的,是保存了一些今已亡佚的笔记、杂录资料。但因过于以删削迁移为务,很多地方处理不当,例如删去梁朝范缜关于神灭的辩论记载,增补一些怪诞不经的材料等。列传以家族为中心,一姓一族不分朝代,汇为一篇,有如大姓家谱。

十一、《北史》:记北朝历史

唐代李延寿撰。记述北朝北魏(包括东魏、西魏)、北齐、北周及隋的历史,凡二百三十多年,计本纪十二卷、列传八十八卷,共为一百卷。

《北史》大体是删补《魏书》《北齐书》《周书》《隋书》而成,魏删多补少,齐、周增补较多,隋则略有删节。删削的多是各书中的诏诰、奏议;增补的主要是西魏三个帝纪及若干列传,但也有许多怪诞不经的材料。与《南史》一样,列传以家族为中心,通贯诸代,集为一篇,有如大姓家谱。有人认为南、北二史是"通史"的体例,其实仍是断代为书,本纪、列传各按朝代划分,只不过合在一起而已。

第四节 唐 五 代 史

一、《旧唐书》:记唐代历史

五代后晋刘昫(公元 888—947 年)等撰。实际修此书的是赵莹、张昭远、贾纬、赵熙等人,因成书时由宰相刘昫进呈,故题刘昫撰。初称《唐书》,其后为区别于欧阳修、宋祁等所修的《唐书》,始加"旧"字。内容记载唐代二百九十年间(公元 618—907 年)的历史,共二百卷,包括本纪二十卷、志三十卷、列传一百五十卷。

《旧唐书》中有关唐代前期的部分,主要根据诸朝实录及史馆所记国史,书法、文字几无改易,叙事详明,但编辑粗疏,瑕疵甚多;而且照抄实录,国史原文,未作订正,为本朝回护之处,亦往往因袭未改。

至于有关唐代后期的记载,大抵由史官搜集材料写成,但因文献缺乏,史料杂乱,以致繁简不均,不及前期完整。例如:(一)本纪叙事过于冗杂,甚至连诗话、书序、婚状、狱词都具备;有些列传则仅存仕履,事迹极少。(二)《历志》《经籍志》,叙事只及高宗时期;《礼仪志》引用奏疏,缺乏剪裁;《地理志》根据天宝十一年(公元 752 年)疆域区划,已不妥帖,州县迁革增损又每与前史重复。

总的来说,《旧唐书》是现存最早的系统记载唐代历史的一部史籍,虽然较为粗糙,但保有大量原始史料之功,实不可没,这是《新唐书》所不能代替的。自《新唐书》问世后,《旧唐书》流传渐少。明代中叶,闻人诠搜得两种宋代残本,互相补辑,于嘉靖十七年(公元1538年)重刻,《旧唐书》始得重新流传。

二、《新唐书》:记唐代历史

北宋欧阳修(公元1007—1072年)、宋祁(公元996—1061年)等撰。欧阳修是宋代古文运动的领袖,列为"唐宋八大家",早岁已有志于史学,因不满意薛居正的《五代史》,以十几年时间撰成《五代史记》,世称《新五代史》。其时《唐书》颇受讥议,宋仁宗下令重修,欧阳修撰本纪、志、表,宋祁专撰列传,至嘉佑五年(公元1060年)完成,世称《新唐书》。欧阳修在史学上的另一贡献,是编写《集古录》,为中国现存最早研究石刻文字的专书,至此学术界才正式有"金石学"的出现。

《新唐书》二百二十五卷,计本纪十卷、志五十卷、表十五卷、列传一百五十卷,与《旧唐书》比较,有很大的不同:

第一,本纪方面,削减了大量史实。唐代二十一个帝王中,只有高祖、太宗、高宗三纪为专纪,其余都是合纪,篇幅只有《旧唐书》的三分之一,记载的内容也不尽一致。本纪叙事过于简略,其实是《新唐书》的一个缺点。

第二,志的方面,比《旧唐书》强,例如:《兵志》《选举志》综述唐代军事制度的变革,和学校科举、官吏诠选的规定;《地理志》著录全国军府、屯防军镇、水利和中外水陆交通道里等,内容缜密赡博,超过以前的史志;《五行志》只记自然灾害现象而不附会人事,在写法上是重大改革。

第三,表的方面,为《旧唐书》所无。《宰相》《方镇》《宰相世系》《宗室世系》四表提示了唐代宰相参错进退、宗室世族升降隆替和藩镇势力消长离合的线索。

第四，列传方面，除改变《旧唐书》一些标题外，还删去六十一传，新增三百一十传，共增两千多条史事；所采用的家传、碑志、小说又都经过审慎选择，不录谶纬怪诞虚美之事。

《新唐书》声称“其事则增于前，其文则省于旧”，确是一个特点。但也因为追求文字简洁，勾销了很多重要史实，亦有繁简失当及考核未周之处。其实《旧唐书》与《新唐书》互有长短，是不可偏废的。清代学者沈炳震以十余年时间，编成《新旧唐书合钞》①。（表4）

表4　《旧唐书》与《新唐书》的比较

《旧唐书》	《新唐书》
本纪 ……………………… 20卷 志 ………………………… 30卷 列传 ……………………… 150卷	本纪 ……………………… 10卷 志 ………………………… 50卷 表 ………………………… 15卷 列传 ……………………… 150卷
合计：200卷	合计：225卷

三、《旧五代史》：记五代历史

宋薛居正（公元912—981年）奉敕撰，卢多逊、扈蒙等同修。此书原名《梁唐晋汉周书》，总称《五代史》；后世为区别于欧阳修所撰的《新五代史》，加上“旧”字。此书记载后梁至后周五十三年间（公

①　《新旧唐书合钞》二百六十卷，将《旧唐书》《新唐书》合钞为一。纪传多以旧书为主，取新书分注于下。宣宗以下诸纪，因旧书所载简略，则多从新书增入。各志之中，如历、天文、五行、地理、兵、仪卫等，以新书为主；乐、职官、舆服、经籍、刑法等，以旧书为主；礼、选举、食货，则兼采新旧二书。另增《方镇表》，并订正《宰相表》的讹误，其他表则有所删节。

元907—960年)的历史,原与《新五代史》并行,其后逐渐湮没。现行本是清代乾隆四十年(公元1775年)四库馆臣从《永乐大典》中辑出,再以《册府元龟》《太平御览》等书补阙。

《旧五代史》按照五代断代为书,包括《梁书》二十四卷、《唐书》五十卷、《晋书》二十四卷、《汉书》十一卷、《周书》二十二卷,另有《世袭列传》二卷、《僭伪列传》三卷、《外国列传》二卷、《志》十二卷,计共一百五十卷。此书材料芜杂,文字烦冗,观点不统一,每为学者所讥;但保存了较多原始资料,且首创《选举志》,而其他九志亦皆有裨文献。

四、《新五代史》:记五代历史

宋欧阳修撰。此书原名《五代史记》,又名《五代新史》,将五代综合在一起,计本纪十二卷、列传四十五卷、考三卷、世家十卷、世家年谱一卷、四夷附录三卷,共七十四卷。

《旧五代史》多据实录,此书则兼采小说笔记。《职方考》每行分六格,横列即成表,合志、表为一,清楚表达出五代十国疆域交错的情况;《司天考》只著录自然灾害,而不附会人事;《十国世家》和《十国世家年谱》记载当时各割据国家的史实和兴亡;《四夷附录》则综述契丹、奚、吐谷浑、鞑靼等族的历史。

欧阳修自称取《春秋》遗旨,表现了"尊王攘夷"的观点,正名分,寓褒贬,颇有维护当政者利益的用心。又斥《旧五代史》"烦猥"而力求简洁,结果很多史实略而不书,记载不及旧史详细,在保存史料方面也较逊色。(表5)

表 5　《旧五代史》与《新五代史》的比较

《旧五代史》	《新五代史》
梁书 ··············· 24 卷	
唐书 ··············· 50 卷	本纪 ··············· 12 卷
晋书 ··············· 24 卷	列传 ··············· 45 卷
汉书 ··············· 11 卷	考 ················ 3 卷
周书 ··············· 22 卷	世家 ··············· 10 卷
世袭列传 ··········· 2 卷	世家年谱 ··········· 1 卷
僭伪列传 ··········· 3 卷	四夷附录 ··········· 3 卷
外国列传 ··········· 2 卷	
志 ················ 12 卷	
合计:150 卷	合计:74 卷

第五节　宋辽金元史

一、《宋史》:记两宋历史

元朝脱脱(公元 1314—1355 年)等撰。此书记北宋及南宋三百二十年间的历史,上起建隆元年(公元 960 年),下讫祥兴二年(公元 1279 年)。共有四百九十六卷,包括本纪四十七卷、志一百六十二卷、表三十二卷、列传二百五十五卷。

元世祖忽必烈曾诏修辽、金、宋三史,因对体例主张不同,长期未能成书。元顺帝时决定各为一史,命丞相脱脱为都总裁,铁木尔塔识、贺惟一、张起岩、欧阳玄等为总裁官,三史又各有纂修多人。先成《辽史》,《金史》次之;《宋史》虽最后成书,为时亦仅二年半,且篇幅之多,为二十五史之冠。

《宋史》的内容特色大略如下：（一）诸志分量极大，占全书三分之一。大体尚能提纲挈领，眉目清楚，其中《地理》《职官》《食货》《兵》等志较佳，《艺文志》最差，重复、遗漏较多。（二）表以《宰辅表》较好，《宗室世系表》篇幅多而用处少。（三）列传所记达两千多人，并于《儒林传》外增《道学传》，记周敦颐等理学家。

整体来说，全书用道学观点作为论人议事的是非标准，因而常有不符史实的记载。而且记事详于北宋，略于南宋，理宗、度宗以后尤缺。此外还有一人两传、有目无文、互相矛盾等缺点。

二、《辽史》：记辽代历史

元朝脱脱等撰。一百十六卷，计本纪三十卷、志三十二卷、表八卷、列传四十五卷、国语解一卷。记辽代（公元 916—1125 年）二百多年史事，兼及辽建国前的契丹族以及辽末耶律大石所建西辽的历史。主要根据辽耶律俨《皇朝实录》和金陈大任《辽史》，兼采辽人的行状、家传、墓志、碑刻等。

本书由于材料来源缺乏，记述颇为简略；为要按照体例凑成篇章，常有同一资料分别用于数处的情形。表中材料尤见重复，例如《营卫志》已载部族，《部族表》又载之。更因修撰时间不满一年，史料未及融贯，缺谬之处甚多。

三、《金史》：记金朝历史

元朝脱脱等撰。记金朝（公元 1115—1234 年）史事，由金太祖阿骨打到金亡为止，约一百二十年。共有一百三十五卷，计本纪十九卷、志三十九卷、表四卷、列传七十三卷。修撰时间仅年余，时脱脱已罢相,由继任的阿鲁图奏上。

此书取材主要为《金实录》、刘祁《归潜志》及元好问《壬辰杂编》等。首尾完密,条例整齐,向来被评为简要,在元修三史之中,无论材料或编制都较完备,更远胜于《辽史》。

本书与其他各史不同之处,是在本纪之前增《世纪》一卷,记女真族先世酋长被追封帝号者;本纪后又列《世纪补》,记其本人原非统治全族的酋长,因子孙在金朝为帝而被追封者。

《金史》之中,志以《礼》《河渠》《百官》《食货》《选举》诸志较好,但无《艺文志》;《交聘表》列金朝与宋、西夏、高丽等国的关系,清楚而具价值。但金人常有一人二名的情形,入中原后又有汉名,此书编写过于仓促,本纪、列传内有很多人名的译音都不划一。

四、《元史》:记元朝历史

明朝宋濂(公元1310—1381年)等撰。明太祖建国之初,即诏修元史,命李善长为监修,以宋濂、王袆为总裁,根据元十三朝实录和《经世大典》,修成一百五十九卷;但因顺帝一朝无实录可据,未能完稿,乃命人至北平等地采集史料,然后重开史局,旋即告成。前后两次纂修所用时间,实际不满一年。

《元史》共二百一十卷,包括本纪四十七卷、志五十八卷、表八卷、列传九十七卷。所述内容由元太祖称成吉思汗(公元1206年)开始,至元顺帝至正二十八年(公元1368年)北走为止,凡一百六十二年。志的部分较好,基本上能够反映出当时的政治、经济状况,尤以《天文》《历》《地理》《河渠》四志所用材料最为珍贵;在《百官》

《选举》《兵》《刑法》诸志中可以清楚看到蒙古贵族统治下民族压迫的事实。列传写得最乱,错误、疏漏之处颇多,甚至出现一人两传的情形。

整体来说,由于修撰时间过早,成书又极仓促,不能广泛搜集资料,连极重要的《元朝秘史》也未用上;材料运用不能融会贯通,往往沿用案牍原文,词句又欠斟酌推敲。不过,书中保存了不少原始史料,例如志主要根据元代记载典章制度的《经世大典》修成,而该书已经散失,所以后世补正或重修元史的著作,在典章制度方面都不能超越旧史。

五、《新元史》:记元朝历史

清末民初柯劭忞(公元 1850—1933 年)撰。全书共二百五十七卷,计本纪二十六卷、表七卷、志七十卷、列传一百五十四卷。公元 1920 年初刊,次年北洋军阀政府大总统徐世昌下令列为"正史",其后开明书店收入《二十五史》之中。

柯氏曾为宣统帝侍讲,辛亥后以遗老自居。留意元代史事多年,不满《元史》疏漏讹误,乃从《永乐大典》中析出元代史料,又搜集有关史著、金石、笔记、文集等,并利用若干西方史料及同时代人的研究成果,撰成此书。不但材料较《元史》丰富,编制也较得体,有很多地方胜过旧史。整体来说,本纪较简,烦冗之处皆移入志中,所以志的部分较其他元史著作详博,并增《行省宰相年表》。

但全书无自撰序跋、凡例、考异和引据出处,为论者所诟病。又因所参照西文译书的译音不尽可靠,故《氏族表》中有一人两名之误。而且,作者的史学观点极为守旧,成书时清朝早已灭亡,竟署"赐进士出身日讲起居注官翰林院侍读国史院纂修柯劭忞撰",论赞则称"史臣曰";书中主要内容及思想观点仍与《元史》同出一辙,例如《兵志》删除元代禁止汉人使用武器记载,认为元代已是"华夷大同"等等。

第六节　明　清　史

一、《明史》:记明朝历史

清朝张廷玉(公元 1672—1755 年)等撰。全书共三百三十二卷,计本纪二十四卷、志七十五卷、表十三卷、列传二百二十卷。记明代史事,起自洪武元年(公元 1368 年),迄于崇祯十七年(公元 1644 年)。

顺治初年设馆纂修明史,但因诸事草创,迁延未就;康熙时重开史馆,又因修《清世祖实录》而止;其后再次开馆,万斯同以"布衣"参与其事,用力最大;王鸿绪又在万斯同手定的史稿基础上,进行删改进呈,后题名为《明史稿》①。雍正元年(公元 1723 年),张廷玉为总裁,以《明史稿》为蓝本再加增删,于乾隆四年(公元 1739 年)刊行。从第一次开馆到最后定稿,前后历九十余年,是

---

① 《明史稿》三百十卷,清王鸿绪撰,实出于万斯同之手,是《明史》的底本。康熙十八年(1679 年)开局修撰《明史》,徐元文、徐乾学、王鸿绪等先后任总纂,以陈廷敬任本纪,张廷玉任志,王鸿绪任列传,而聘万斯同编修审定成稿。万斯同以列朝实录为指归,搜求遗书,旁及郡志、邑乘和私家撰述,详为考订,前后十九年成书。王鸿绪以个人名义进呈列传二百零五卷,后又进呈本纪十九卷、志七十七卷、表九卷,皆题"王鸿绪著"。

官修"正史"中历时最久的一部,这主要是由于万历以后的明、清关系难于处理,而且当时尚有抗清活动,南明诸王的名位问题也难于下笔。

《明史》取材丰富,文字简练,而且编纂得法,胜于宋、辽、金、元各史。下列数处较为独特:(一)《历志》增图,为前史所无;(二)《艺文志》只记明代著述,亦不同于前史;(三)据明代政治特色,增加《七卿表》;(四)新增《阉党传》《流贼传》《土司传》等。列传中多载奏疏原文,《土司传》《外国传》《西域传》保存边疆少数民族及外国的史料,都是很有价值的。不过,《明史》颇有一些为清朝回护之处,例如清朝入关以前事迹及南朝诸王史实,或则全不记载,或则语焉不详;有关抗清英雄的记述,亦仅寥寥数语而已。

二、《清史稿》:记清朝历史

近人赵尔巽主编,修于 1914 年至 1927 年间,修撰者包括缪荃孙、夏孙桐、柯劭忞、张尔田等。共五百三十六卷,以正史体例记载清代史事,取材于清代国史馆所存的历朝实录、起居注、方略、国史列传等,以及部分档案,资料尚称完备,有一定参考价值。但因北洋军阀政局不稳、经费不足等问题,工作时断时续,此书是未定稿,仓促付印,组织欠完善,内容错漏颇多,体例又不统一,观点亦有问题。撰者每以遗老自居,为清代皇帝歌功颂德,称明末义师为"土贼",指辛亥革命为"谋乱"。

《清史稿》有"关外本"和"关内本"之分,文字颇有出入,前者有张勋(附张彪)、康有为传,为后者所无,文字也颇有异同。后东北又据"关外本"删《时宪志》六卷,并增删附传数篇,成为五百二十九卷,加以重印,亦称"关外本"或"关外二次本"。① 1976 年北京中华书局出版的点校本,以关外二次本为底本,三本互异处均有附注,并录出异文。

①　《清史稿》于 1928 年刊印一千一百部,付印时由遗老金梁任校刻之责,他私自加入张勋(附张彪)、康有为传(原稿不收),又改动其他文字多处。但被发觉时已有四百部运往东北发行,称为"关外本"或"关外一次本";留存北京的七百部作了一些抽换,通称"关内本"。日本侵占东北时再版一次,金梁又有增删,称为"关外二次本"。

第四章　司马迁与《史记》：
第一部纪传体通史

第一节　司马迁生平与《史记》成书经过

《史记》一百三十篇，西汉司马迁撰，是中国第一部有系统的通史，也是"纪传体"史书的始祖和典范。此书初名《太史公书》，东汉末年以后改称《史记》，①沿用至今。

司马迁，字子长，左冯翊夏阳（今陕西韩城）人。他的生卒年代，说法不一，大约生于汉景帝中元五年（公元前 145 年），卒于汉武帝后元二年（公元前 87 年）。②他的一生，大部分活在汉武帝年间，亦即西汉的全盛时期，事迹详见《史记·太史公自序》及东汉班固

---

①　汉人所谓"史记"，是指一般的历史书。司马迁此书，或谓最初并无名称，因古人著书不先自定书名是常有的事。陈直《太史公书名考》（载《文史哲》1956 年 6 月号）指出：司马迁自定原名为《太史公书》，嗣后西汉诸儒多沿用此名，后来一变为《太史公记》，再变为《太史记》，三变而为《史记》；《史记》之名，始于东汉桓帝时。

②　关于司马迁的生平，有两种说法：一、唐人张守节《史记正义》所说的汉景帝中元五年（公元前 145 年）；二、唐人司马贞《史记索隐》所说的汉武帝建元六年（公元前 135 年）。王国维《太史公行年考》、梁启超《要籍解题及其读法》等相信前者，郭沫若《太史公行年考有问题》（载《历史研究》1955 年第 6 期）则赞成后者。一般多同意前一说。至于司马迁的卒年，也有说是在汉昭帝始元元年（公元前 86 年）的。

《汉书·司马迁传》等。

司马迁出身于世代常为史官的家庭,他的父亲司马谈,是一个学问渊博的人,在汉武帝初年任太史令(通称太史公,职务是掌管图书及天文历算)。司马迁在这有利的条件下,十岁就开始学习当时的古文,后来跟从名儒孔安国治《古文尚书》,又随董仲舒习《公羊春秋》,早在青年时代便奠下了深厚的学问根基。他还立志游览天下名山大川,二十岁后外出旅行,走遍了东南和中原一带的地区,①亲自采集了许多旧闻传说,探访了不少古迹,对于民情风情,也有深入的了解。这对于以后撰写《史记》,是有很大帮助的。

司马谈曾搜集很多史料,计划写一部全面而详尽的史书,但无法实现,死前命司马迁完成这项工作。汉代的史官是世袭的,三年后,即元封三年(公元前108年),司马迁继任为太史令,得以饱览宫中藏书处的秘要书籍,做了一些撰史的准备工夫。直到太初元年(公元前104年)四十二岁时,他参与改订汉朝历法的事务告成,制定了"太初历",便正式开始编写史书。

可是,司马迁后来受到一个意外的打击。天汉二年(公元前99年),汉武帝对北方的匈奴用兵,以李广利为将军。又有李陵自告奋勇,请求领兵出击,武帝给他五千步兵,结果李陵遇上单于率领的匈奴主力骑兵,寡不敌众,大败投降。司马迁替李陵说了些辩白的话,武帝大怒,把他交给狱吏治罪。后来武帝听说李陵在教匈奴练兵,更杀了李陵的妻子,并对司马迁施以腐刑(宫刑)。司马迁遭此变故,几乎痛不欲生,但当想到自己还有未完成的愿望时,便坚

---

① 包括今日河北、河南、山东、安徽、江苏、浙江、湖南、四川、云南、甘肃等省。

持活下去。

太始元年(公元前96年),司马迁获赦出狱,任中书令,一方面继续他编史的工作,直到征和二年(公元前91年),才基本上完成了《史记》这一巨著。从整理史料到写定成书,大概花了十五年的光景,此后还不断加工和修补。总之,司马迁自从任为太史令起,以至去世时止,除在狱中的三年外,都致力于《史记》的撰写,可说是后半生的心血结晶。在他死后三十年左右,这部史书始由他的外孙杨恽传布出来。(表6)

表6　司马迁撰写《史记》的经过

年份	经过
公元前108年	任太史令,从事撰史的准备工夫。
公元前104年	参与制定的"太初历"告成,开始编写史书。
公元前99年	因为李陵投降匈奴事辩白而激怒汉武帝,下狱治罪。
公元前96年	获赦出狱,任中书令。
公元前91年	基本上完成《史记》。

第二节　司马迁撰写《史记》的动机

照《太史公自序》所说,他撰写《史记》的动机主要有三:

第一,是继承父亲的遗志。其父向往先人久绝的世业,重视孔子作《春秋》的伟大贡献,有志于历史的论述,但不能及身实现这个愿望。复且汉武帝首次举行汉朝的封禅典礼,到泰山上去祭祀天地,是古今旷见的大典,司马谈身为史官,竟不得参与其役,引为毕生憾事，至于发愤而卒，临终时要司马迁继承他的志愿。司马迁答应了父亲，此后即致力于撰写史书。《史记》中列《封禅书》为八书之一，也可以说是禀承父志的一个表示。

第二，是惨遭酷刑的刺激。司马迁经此侮辱，本欲了却残生，但以所著书草创未就，故受极刑而益自勉，并以古人的发愤自况。《自序》说："此人皆意有所郁结，不得通其道也，故述往事，思来者。"

第三，是负起史家的责任。司马迁能够写成这部划时代的巨著，自有其远大的抱负和责任感，《自序》中曾表明以继孔子为心志，又说："且余尝掌其官，废明圣盛德不载，灭功臣世家贤大夫之业不述，堕先人所言，罪莫大焉。"也正如他在《报任安书》所说："凡百三十篇，亦欲以究天人之际，通古今之变，成一家之言。"这几句话，充分表达了司马迁写《史记》时的目的要求。

第三节 《史记》的内容和体例

《史记》内容，上起黄帝，下至汉武帝时止，[①]包括了二千六百余年间的史事。全书一百三十篇（亦称一百三十卷），共五十二万六千五百字。分为"本纪""表""书""世家"和"列传"五类：

（一）本纪——十二篇，以帝王世系为中心，概括叙述历代大事，形式近于编年体，但较为简略，有如全书的总纲。本纪有两种，年代远的以朝代为主，如《夏本纪》《殷本纪》《周本纪》；年代近的以

---

① 《太史公自序》说："余述历黄帝以来至太初而讫，百三十篇。"汉武帝西狩获麟，改为元狩元年，即公元前122年；太初元年即公元前104年。《汉书》说"讫于天汉"（公元前100年），其实都相距不远。司马迁卒于汉武帝末年，死后仍对《史记》有所增删和修改，所以《史记》叙事的历史时间，大体上是包括了汉武帝时代的。

帝王为主,如《秦始皇本纪》《项羽本纪》《高帝本纪》等。

（二）表——十篇,是把重要的史事和人物按年代、地区用表格形式谱列出来。主要是年表,如《十二诸侯年表》《六国年表》等;此外,夏、商、周三代年次不明,故只按世系列为《三代世表》;秦楚之际,政治变化急剧而复杂,所以采用逐月记事方式,而成《秦楚之际月表》。

（三）书——八篇,分类记载典章制度,包括政治、经济、文化以至天文、地理等各方面的有关问题。如《天官书》记天文,《历书》记历法,《河渠书》记录天下主要河流和水利工程,《平准书》主要叙述汉初经济情况。

（四）世家——三十篇,记录周代各主要封国诸侯的兴衰和汉初诸侯王的事迹;地位相当于诸侯的人,也列为世家,如《孔子世家》《陈涉世家》《萧相国世家》等。

（五）列传——七十篇,篇幅最多,载录重要人物的生平,有个人的独传,有时代相同或行事相关的二人或数人的合传,也有按人物性质而列为一类的类传或特殊事业传,如《游侠列传》《滑稽列传》;此外还有国内少数民族传、属国传、外国传。最后《太史公自序》一篇,记述司马迁自己的身世和撰书目的、写作经过,及全书的篇目、内容等。（表7）

表7　《史记》内容概略

类别	篇数	内容	篇目举例
（1）本纪	12	以帝王世系为中心,叙述历代大事。	以朝代为主:《夏本纪》等;以帝王为主:《秦始皇本纪》等。

（续表）

类别	篇数	内容	篇目举例
（2）表	10	用表格形式按年代、地区谱列主要史事和人物。	世表：《三代世表》； 年表：《十二诸侯年表》等； 月表：《秦楚之际月表》。
（3）书	8	分类记载典章制度，包括政治、经济、文化等各方面。	《礼书》《乐书》《封禅书》《河渠书》《平准书》等。
（4）世家	30	记载周代及汉初主要封国诸侯的事迹，地位相当于诸侯的也列入。	《吴太伯世家》《孔子世家》《陈涉世家》《萧相国世家》等。
（5）列传	70	载录重要人物的生平。	《伯夷列传》《老子韩非列传》《刺客列传》《朝鲜列传》《滑稽列传》等。

这种分类记载历史的体裁，称为"纪传体"。上述五类之中，分别具有三种不同的性质，即以时间为纲的本纪、表，以事类为纲的书，和以人物为纲的世家、列传。换一个角度说，主要组成部分的世家和列传，连同本纪都是传的性质，只是所述人物的社会地位不同而已，故此纪传体实际上是以人物传记为中心的一种写史形式。虽则各自独立成篇，但又互有关联，全书可以合成一个整体。它既能扼要列举历史发展的大概，又可详细记述有关的史事；既便于考见个别人物活动情况，而又顾及典章制度的沿革。这是《史记》的一大特色，也是纪传体的优点。

不过，今日所见的《史记》，有些篇章错落不全，可能全书并未经过司马迁最后定稿，也有部分是由于后世传写脱漏所致。后人做了不少续补工作，所以书中有多处叙述武帝末期以后的事情。补得最多的是生于司马迁稍后的褚少孙，此外有名字可考的不下十余人。^① 中国古书中有这个情况的很多，不独《史记》如此。幸好司马迁原著的精神和面貌，基本上还没有受到损坏。另有一些学者则为《史记》作注，最重要的有三家，^②今本都附在《史记》正文之下。

第四节　《史记》的材料来源

《史记》所采用的材料，随着时代的远近而有不同，整体来说是十分丰富的。司马谈曾积聚和整理了不少史料，可能有些已撰写成篇。司马迁更花了很多搜集资料的工夫；但他对上古史事也仍免不少文献不足之叹，所以春秋以前间有缺略，春秋战国至秦代较为周全，汉朝建立以后的一百年间则最详尽。材料的来源，可以概括为三个方面：

第一个来源是书籍和前代文献。自经书以至诸子、骚赋等，几于无所不采，还包括一些没有整理成编的零散材料。在《史记》的不少篇章里，对于参考过的书籍，都有清楚的说明，如《尚书》《诗经》《春秋》《世本》《战国策》《楚汉春秋》等三十种，没有提及的相信为数更多。《自序》说："厥协六经异传，整齐百家杂语。"意思就是

---

① 《汉书·艺文志》说《史记》缺十篇，但未举篇目。三国〔魏〕张晏《汉书注》："迁没之后，亡《景纪》《武纪》《礼书》《乐书》《兵书》〔按即《律书》〕、《汉兴以来将相年表》《日者传》《三王世家》《龟策列传》《傅靳列传》。元、成之间，褚先生〔少孙〕补缺，作《武帝纪》《三王世家》《龟策》《日者传》，言辞鄙陋，非迁本意也。"张晏所言必有所据，然亦不尽可靠。褚少孙所补的，大致以"褚先生曰"开头，今本仍低一格，尚可辨认；其他人的续补文字，则往往混入正文之中，难以考究了。从今本《史记》所见，上述十篇并非完全佚失，错乱部分也不限于这十篇。

② 南朝宋裴骃《史记集解》八十卷；唐代司马贞《史记索隐》三十卷；唐代张守节《史记正义》三十卷。

要把六经异传综合起来,百家杂语的可信程度不一,便不得不有所批判和取舍了。

第二个来源是档案材料。司马谈、司马迁父子都做过太史令,可以看到汉初的档案如诏令、记功册等,而采用作为写史的材料;从《惠景间侯者年表》所称"太史公读列封"、《儒林列传》所称"余读功令"等处可知。

第三个来源是亲身游历和见闻。司马迁曾经登涉名山大川,访求史迹,这与后来撰写《史记》有密切的关系,例如到山东看孔庙之于《孔子世家》、过长城访秦旧事之于《蒙恬列传》等。年代较近的史事,在当时不可能都有记载,是必须依靠本身的见闻和交游的,《史记》中也有不少这类的记载,如《项羽本纪》赞中说"吾闻之周生曰"、《郦生陆贾列传》中说"平原君子,与余善,是以得具论之"等等,在一定程度上增强了记事的内容。

第五节　《史记》的优点和缺点

一、《史记》的优点

要比较客观地、全面地评价《史记》,首先应该逐一指出它的优点和缺点。《史记》的优点很多,主要有:

第一,材料丰富。司马迁不但引用了大量当时流传的书籍和文献资料,还把自己数十年来采访所得和耳闻目睹的一些事实,熔铸到他的著作里去。而且,在组织材料时,力求严谨,注意选择、剪裁、综合及改写等工夫,使文体一致,形式整齐。遇到没法弄清楚的材料时,绝不武断,用阙疑的方法,兼采众说,以留待后人判别。换言之,司马迁所抱的是一种审慎的、科学的态度。

第二,内容广泛。《史记》除记录了历代大事及为重要人物立传之外,也尽情地描绘了下层群众的生活;其着眼处不限于统治阶级,而亦及于社会各阶层,例如《游侠》《俳优》《货殖》等传,比较全面而深刻地反映出历史的真相。此外,在叙述史事时,采取详近略远的原则,绝不纠缠于荒远无稽之谈,力求信实。

第三,体例独特。《史记》开创了纪传体的写史方法,一百三十篇分成五类,条理井然;各篇既完整独立,全书又脉络相连。本纪与表是全书纲领,互为经纬,彼此照应;列传占大半篇幅,又是最难处理的部分,但也力求清楚分明,重要人物各为一传,行事相类的合为总传,也有标举类目而为传者,如《刺客》《儒林》《循吏》《酷吏》等传。叙事时还注意到避免重复,省节繁文。而且,《史记》篇末附有以"太史公曰"起头的一段文字,略述作者对篇内某人某事的看法或附记有关的事情,即是说,把作者的意见分别开来,尽量保持史事叙述的客观性。

第四,文笔生动。《史记》词句优美,叙事活泼明了,写人也栩栩如生,如《项羽本纪》《刺客列传》等均极精彩。又能够运用当代通行的语言,把艰深的词句改成浅近,方便时人阅读,而又不失原意;又如列传标题,也尽量采用当时世俗惯用的称号。

第五,识见高明。司马迁一心要达成史家应有的使命和理想,《史记》中很多地方都表现出他的眼光是卓越的,例如注意到不同阶层人物的活动、少数民族和邻国的史事等。他没有不顾历史真实而对帝王将相歌功颂德,往往不避权贵,在一定程度上揭露了政治的黑暗面,如《封禅书》描写武帝惑于鬼神、劳民伤财的情形,《平准书》对兴利的大臣痛加笔伐,《酷吏传》刻画刑法的残暴,又敢于提出自己的主张等等,充分发挥了史家直笔的果毅精神。

二、《史记》的缺点

《史记》也存着一些缺点。司马迁以一人之力写成这部巨著,必然是有所疏略的。主要如书中有很多天道循环、五德终始的思想,常把古代科学知识和迷信思想混在一起,又采录了缺乏事实基础的传说故事等。我们应当理解到,作者受了时代的局限,没有看到某些问题的真相,实在无可避免。

内容上也有很多疏漏,如战国初期的史料比较缺略;对一些重要人物没有作出适当的处理,墨翟仅在《孟子荀卿列传》中附记二十多字,便是一例;还有一些年代和史实的记载有错误,或前后矛盾。而在编次上,人物和少数民族的列传相互间杂,也不免乱了一些。

另外有几个问题,是后人常常议论不决的,例如:(一)秦为诸侯,项羽未为天子,而均列于本纪;(二)孔子未为诸侯;陈涉虽建号张楚,半年即失败而死,二人却列于世家;(三)淮南、衡山二王皆为诸侯数十年,却入于列传。有些学者认为这是"为例不纯""自乱其例",其实《史记》着重实际情况多于名分,例如:

(一)秦虽为诸侯,但在昭王晚年已有支配天下的地位,所以列入本纪;项羽政权在当时以至历史发展上都有一定的重要性,故与汉高祖相提并论。

(二)陈涉起义和孔子言行对后世的意义极大,列入世家,虽不同于政治上的世袭,也寓有继承之意。

(三)相反的,淮南、衡山二王于后世并无重大影响,因此不入世家。

近人认为"从重实轻名的原则看,这样安排还是有意义的"①。甚至说"这正是司马迁有特识、有眼光之处"②。

第六节　《史记》在史学上的地位

史家评论《史记》,盖始于刘向、扬雄,《汉书·司马迁传》说二人"皆称迁有良史之才,服其善序事理,辨而不华,质而不俚,其文直,其事核,不虚美,不隐恶,故谓之实录"。这种看法几乎成为《史记》的定评,但也不免有些贬词,如谓书中"甚多疏略,或有抵牾";班固也说"其是非颇谬于圣人,论大道则先黄老而后六经";有人甚至认为《史记》是一部"谤书"。唐代刘知幾《史通》责求之苛,更是纤细不遗,如谓项羽不应列为本纪,《项羽》《高帝》二纪不应以"语在项传"或"事具高纪"方式,使一事分载数篇等等;然而刘氏对《史记》中史志、史表之创制,却推崇备至。简单地说,二千年来史家对《史记》的卓越成就大体是予以肯定的,至于司马迁的立场和书中一些具体的问题,便有所争论了。

《史记》在中国史学方面的贡献,主要有以下几点:

第一,开创了重要的史书体裁。用纪传体形式编写史书,成为中国史学的一个传统,后世的"正史"都是沿袭《史记》体例的,虽然

---

① 王树民:《史部要籍解题》,页33。
② 张舜徽:《中国古代史籍举要》,页65。

名目上稍有变化,实质上却总没有脱离《史记》的架构。不只在中国,就是东亚各国的"正史",如《大日本史》《高丽史》《大越史记》,都是受《史记》影响的。

第二,记载了西汉中期以前的历史。《史记》对于汉初一百年间的史事,有详尽的叙述,是研究这段历史的系统性著作;对于远古的历史,也有扼要的交代,而且可靠程度很高,例如殷墟甲骨发现后,《史记》所述商代帝王均得到证实。

第三,叙述了国内各族和邻国的历史。如《东越》《西南夷》《匈奴》《朝鲜》《大宛》等传,都以简明扼要的笔法记述了各国的源流和史事概况,成为研究亚洲古代历史极重要的资料。

第四,保存了古代一些重要的历史文献。如《李斯传》《秦始皇本纪》录入秦统一前后李斯的几次上书以及《焚书令》等,使这些古代文献的原文得以保留下来。

此外,由于《史记》的文学成就很高,后世推为古代散文的典范之一,在文学史上亦享盛誉。

总括来说,《史记》是中国古代第一部大书,是体系地记录古代历史的伟大著作,从内容、史料以至体例、文字,评价都甚高,在中国文化史上占有重要的席位,也有深远的影响。

项羽本纪(节录)

沛公军霸上,未得与项羽相见。沛公左司马曹无伤使人言于项羽曰:"沛公欲王关中,使子婴为相,珍宝尽有之。"项羽大怒,曰:"旦日飨士卒,为击破沛公军!"当是时,项羽兵四十万,在新丰鸿门,沛公兵十万,在霸上。范增说项羽曰:"沛公居山东时,贪于财货,好美姬。今入关,财物无所取,妇女无所幸,此其志不在小。吾令人望其气,皆为龙虎,成五采,此天子气也。急击勿失。"

楚左尹项伯者,项羽季父也,素善留侯张良。张良是时从沛公,项伯乃夜驰之沛公军,私见张良,具告以事,欲呼张良与俱去。曰:"毋从俱死也。"张良曰:"臣为韩王送沛公,沛公今事有急,亡去不义,不可不语。"良乃入,具告沛公。沛公大惊,曰:"为之奈何?"张良曰:"谁为大王为此计者?"曰:"鲰生说我曰'距关,毋内诸侯,秦地可尽王也。'故听之。"良曰:"料大王士卒足以当项王乎?"沛公默然,曰:"固不如也,且为之奈何?"张良曰:"请往谓项伯,言沛公不敢背项王也。"沛公曰:"君安与项伯有故?"张良曰:"秦时与臣游,项伯杀人,臣活之。今事有急,故幸来告良。"沛公曰:"孰与君少长?"良曰:"长于臣。"沛公曰:"君为我呼入,吾得兄事之。"张良出,要项伯。项伯即入见沛公。沛公奉卮酒为寿,约为婚姻,曰:"吾入关,秋毫不敢有所近,籍吏民,封府库,而待将军。所以遣将守关者,备他盗之出入与非常也。日夜望将军至,岂敢反乎!愿伯具言臣之不敢倍德也。"项伯许诺。谓沛公曰:"旦日不可不蚤自来谢项王。"沛公曰:"诺。"于是项伯复夜去,至军中,具以沛公言报项王。因言曰:"沛公不先破关中,公岂敢入乎? 今人有大功而击之,不义也,不如因善遇之。"项王许诺。

沛公旦日从百余骑来见项王,至鸿门,谢曰:"臣与将军戮力而攻秦,将军战河北,臣战河南,然不自意能先入关破秦,得复见将军于此。今者有小人之言,令将军与臣有郤。"项王曰:"此沛公左司马曹无伤言之;不然,籍何以至此。"项王即日因留沛公与饮。项王、项伯东向坐,亚父南向坐。亚父者,范增也。沛公北向坐,张良西向侍。范增数目项王,举所佩玉玦以示之者三,项王默然不应。范增起,出召项庄,谓曰:"君王为人不忍,若入前为寿,寿毕,请以剑舞,因击沛公于坐,杀之。不者,若属皆且为所虏。"庄则入为寿。寿毕,曰:"君王与沛公饮,军中无以为乐,请以剑舞。"项王曰:"诺。"项庄拔剑起舞,项伯亦拔剑起舞,常以身翼蔽沛公,庄不得击。于是张良至军门,见樊哙。樊哙曰:"今日之事何如?"良曰:"甚急。今者项庄拔剑舞,其意常在沛公也。"哙曰:"此迫矣,臣请入,与之同命。"哙即带剑拥盾入军门。交戟之卫士欲止不内,樊哙侧其盾以撞,卫士仆地,哙遂入,披帷西向立,瞋目视项王,头发上指,目眦尽裂。项王按剑而跽曰:"客何为者?"张良曰:"沛公之参乘樊哙者也。"项王曰:"壮士,赐之卮酒。"则与斗卮酒。哙拜谢,起,立而饮之。项王曰:"赐之彘肩。"则与一生彘肩。樊哙覆其盾于地,加彘肩上,拔剑切而啗之。项王曰:"壮士,能复饮乎?"樊哙曰:"臣死且不避,卮酒安足辞! 夫秦王有虎狼之心,杀人如不能举,刑人如恐不胜,天下皆叛之。怀王与诸将约曰'先破秦入咸阳者王之'。今沛公先破秦入咸阳,毫毛不敢有所近,封闭宫室,还军霸上,以待大王来。故遣将守关者,备他盗出入与非常也。劳苦而功高如此,未有封侯之赏,而听细说,欲诛有功之人。此亡秦之续耳,窃为大王不取也。"项王未有以应,曰:"坐。"樊哙从良坐。坐须臾,沛公起如厕,因招樊哙出。

　　沛公已出,项王使都尉陈平召沛公。沛公曰:"今者出,未辞也,为之奈何?"樊哙曰:"大行不顾细谨,大礼不辞小让。如今人方为刀俎,我为鱼肉,何辞为。"于是遂去。乃令张良留谢。良问曰:"大王来何操?"曰:"我持白璧一双,欲献项王,玉斗一双,欲与亚父，会其怒，不敢献。公为我献之。"张良曰："谨诺。"当是时，项王军在鸿门下，沛公军在霸上，相去四十里。沛公则置车骑，脱身独骑，与樊哙、夏侯婴、靳强、纪信等四人持剑盾步走，从郦山下，道芷阳间行。沛公谓张良曰："从此道至吾军，不过二十里耳。度我至军中，公乃入。"沛公已去，间至军中，张良入谢，曰："沛公不胜桮杓，不能辞。谨使臣良奉白璧一双，再拜献大王足下；玉斗一双，再拜奉大将军足下。"项王曰："沛公安在？"良曰："闻大王有意督过之，脱身独去，已至军矣。"项王则受璧，置之坐上。亚父受玉斗，置之地，拔剑撞而破之，曰："唉！竖子不足与谋。夺项王天下者，必沛公也，吾属今为之虏矣。"沛公至军，立诛杀曹无伤。

（《史记·项羽本纪》卷七）

第五章　班固与《汉书》：
第一部纪传体断代史

第一节　班固生平与《汉书》成书经过

《汉书》又称《前汉书》，[①]一百篇（一百二十卷），东汉班固作，是继司马迁《史记》之后的史学巨著，也是中国第一部"纪传断代史"；后世每以"史、汉"或"迁、固""班、马"并称。

《汉书》并非成于一手，而班固则是最主要的作者。班固，字孟坚，扶风安陵（今陕西咸阳）人，生于光武帝建武八年（公元 32 年），卒于和帝永元四年（公元 92 年）。他的父亲班彪（公元 3—54 年），字叔皮，是个很有学问的人，有感于司马迁的《史记》只写到汉武帝时止，乃决心续写西汉一代史事，作《后传》百余篇，[②]但尚未完成便死了。班固从十六岁起，至父亲去世时止，在太学读书达八年之

---

① 《汉书》的名称是班固自定义的，见《汉书·叙传》；后世有人加一"前"字，以与《后汉书》相对。

② 《后传》篇数，各书记载不一，王充《论衡·超奇篇》："班叔皮续《太史公书》百篇以上。"《后汉书·班彪传》："作《后传》数十篇。"刘知幾《史通·古今正史篇》："作《后传》六十五篇。"王充是班彪的学生，当有所本，今从《论衡》。

久,对诸子百家的学说进行了广泛的探讨。在家居丧期间,以其父所续前史未详,乃潜精研思,于永平元年(公元 58 年)二十七岁时,开始了继承父业的编撰工作。但永平五年(公元 62 年),有人上书朝廷,告他私自改作国史,明帝下令扶风郡把他逮捕,系于狱中。其弟班超到京上书诉冤,说出班固著述原委,而地方官也把班固的书稿送到京师。明帝知道班固志在宣扬汉德,甚为赏识,任命他为兰台令史。兰台是汉代宫内藏书的地方,设令史六人,掌管图籍,校定文书。次年,明帝命他把未完成的《汉书》继续写下去,从此班固便集中精力,"以著述为业",直至章帝建初七年(公元 82 年),才基本上完成这部史书,前后历时二十五年。①

和帝永元元年(公元 89 年),班固被任为中护军(参谋一类的军官),随外戚窦宪出征匈奴。窦宪大破北匈奴,声名更盛。永元四年(公元 92 年),和帝与宦官定计,乘窦宪班师回朝之际,捕杀其党羽,并收缴其大将军印绶。窦宪失势自杀,宗族宾客一律免官。班固与窦宪有密切关系,又曾得罪洛阳令,旋亦被捕,死于狱中,终年六十一岁。由于《汉书》中的八表和《天文志》并未完稿,和帝知道班固的妹妹班昭也很有才学,命她续作,完成了八表,后来又命马续补作《天文志》。《汉书》经过班彪、班固、班昭、马续四人之手,终于成为一部完整的著作。

班昭(约公元 49—约 120 年),字惠班,又名姬,因其夫为曹世叔,故人称"曹大家"(家同姑),是中国第一位出色的女史学家。由于《汉书》中多古字古义,不易读懂,和帝诏使扶风人马融跟随班昭

---

① 关于班固完成《汉书》年代的推算,参阅安作璋《班固与汉书》,页 27。

研读《汉书》，后来马融成了著名的学者。马续是马融的哥哥，字季则，博观群籍，善《九章算术》。（表8）

表8　《汉书》作者及成书概况

作者	完成工作
班彪	作《后传》百余篇。
班固	公元58年，开始继承父亲的编史工作； 公元82年，基本上完成了《汉书》。
班昭	续作八表。
马续	补作《天文志》。

第二节　《汉书》的内容和体例

《汉书》记述西汉一代的历史，上起汉高祖元年（公元前206年），下至王莽地皇四年（公元23年），凡二百三十年，与《史记》贯通古今的记事方式不同，开创了断代成书的先例，以后的"正史"均属此体，所以成为纪传体断代史的典范。

《汉书》体例，基本上承袭《史记》，分为"纪""表""志""列传"四类，共一百篇（后人把篇幅长的分为上、下卷或上、中、下卷，成为一百二十卷），总计约八十一万字。

（一）纪——十二篇，是从汉高祖到平帝的编年大事记，写法与《史记》略同，但不称"本纪"，而且项羽、王莽都归于列传中。

（二）表——八篇，前六篇分别谱列王侯世系，《百官公卿表》记录秦汉官制演变和汉代公卿的任免，《古今人表》则是对汉代以前历史人物的评价。

（三）志——十篇，即《律历》《礼乐》《刑法》《食货》《郊祀》《天文》《五行》《地理》《沟洫》《艺文》，叙述古代到汉代的政治、经济制度和文化史。多用《史记》"八书"旧例，但因以《汉书》为名，故改称"志"。

（四）列传——七十篇，主要是西汉人物的传记，《汉书》没有"世家"一目，因而把《史记》中归于世家的人物都纳入列传中；另《匈奴传》《西南夷、两粤、朝鲜传》《西域传》等记载汉代边疆各少数民族及部分邻国的历史；最后并有《叙传》。（表9）

表9　《汉书》内容概略

类别	篇数	内容	篇目举例
（1）纪	12	从汉高祖到平帝的编年大事记。	《高帝纪》《武帝纪》《平帝纪》等。
（2）表	8	谱列西汉王侯世系，并记秦汉公卿任免等。	《异姓诸侯王表》《诸侯王表》《百官公卿表》《古今人表》等。
（3）志	10	叙述古代至汉代的政治、经济制度和文化史。	《刑法志》《食货志》《地理志》《艺文志》等。
（4）列传	70	主要是西汉人物的传记，并记边疆民族及邻国历史。	《贾谊传》《董仲舒传》《匈奴传》《西域传》等。

这四个组成部分的形式尽管不同，但通过它们之间的互相联系、互相补充，就形成一部完整的西汉历史。班固在撰写此书时，不仅有司马迁的《史记》和班彪的《后传》等史籍为基础，而且可以充分参考宫中藏书，运用许多重要的文献资料，内容方面是很丰富的。大体上说，武帝以前的记载，多是增删《史记》原文；武帝以后的史事，则为新纂，而里面又采用了他父亲的遗稿，《汉书》若干篇

中有"班彪曰"的字句,^①足为明证。

第三节 《汉书》的贡献和影响

《汉书》著成之后,颇为统治阶层所重视,史称"当世甚重其书,学者莫不讽诵焉"^②。《汉书》虽然是基于《史记》的体例并利用《史记》很多现成材料写成的,但亦有优于《史记》的地方。它在中国史学上的贡献和影响,主要有以下几点:

第一,是开创断代为书的风气。《汉书》改善了《史记》所开创的纪传体,以记载一个朝代为主,为以后的正史所依循。二十五史中,除《史记》外,均属此体,可见《汉书》影响之大。

第二,是确立史著的"书志体"。《汉书》十志规模宏大,记事丰富,对于政治、经济和思想文化都有较详细的记载,特别是有关汉代的部分更为详细。书志体创于《史记》八书,《汉书》加以发展,后代正史的志,大抵以《汉书》十志为依归。

第三,是扩大历史研究的领域。《汉书》十志中,《食货志》为经济制度和社会生产发展状况提供了丰富的史料;《沟洫志》系统地叙述了秦汉水利建设;《地理志》是中国第一部以疆域政区为主体的地理著作,开创了后代正史地理志及地理学史的研究;《礼乐》《郊祀》《刑法》三志记载政治、军事、法律和有关的典章制度;《艺文志》论述古代学术思想的源流派别及是非得失,不仅是目录学的开端,而且是一部极其珍贵的古代文化史资料;《五行》《天文》和《律

---

① 例如第七十三篇《韦贤传》、第八十四篇《翟方进传》、第九十八篇《元后传》。
② 《后汉书·班固传》。

历》三志,都是研究古代自然科学的宝贵资料。

第四,是保存珍贵的史料。《汉书》的列传收入了所传人物的著述,有的是关于当时政治、经济的策论,例如《贾谊传》收入贾谊的《治安策》,《晁错传》收入晁错的《言兵事书》等,此外还收了很多抒情、记事、议论的文章,对于研究当时的社会情况和个人思想,都是非常有用的史料。

第五,是记载少数民族的历史。《汉书》继承了《史记》为少数民族专门立传的优良传统,运用新的史料,把《史记·大宛传》扩充为《西域传》,叙述了西域几十个地区和邻国的历史以及汉朝与西域各地交流的情况;又将《史记》的匈奴等列传加以补充,增补了大量汉武帝以后的史实。这些记载,也是研究亚洲有关各国历史的珍贵资料。

此外,《汉书》在文学上也占有重要的地位。班固是继司马迁之后把历史和文学结合起来的一个传记作家,《汉书》列传虽然没有《史记》那样生动活泼,但也能运用艺术手法,作深刻细致的描写,作为史传文学,是有很多可取之处的。而且,班固以辞赋名家,不免多用文人辞藻,《汉书》的文字已开了六朝骈俪之风。

第四节　后世对《汉书》的批评

后世对《汉书》的批评,主要有两点:

第一,《汉书》中从高祖到武帝的叙述,多半袭用《史记》原文,后人对此颇有微词,认为不能自成一家。其实两书有同有异,足以并行不悖,例如《史记》在《高祖本纪》之后,继以《吕后本纪》;《汉书》于《吕后纪》之前，补《惠帝纪》。列传中不同之处更多，可见《汉书》自有其权衡取舍，亦很注意文字的剪裁熔铸。

第二，《汉书》虽然断代为史，但其表、志多有涉及两汉以前的，不尽以两汉为断限，尤其是《古今人表》，只记古人，而无汉人，因而引起后人怀疑，认为自乱其例。其实班固用意，除叙述两汉史事外，亦有部分是为补《史记》的不足而作的，例如《汉书》十志便是在《史记》八书的基础上发展而成，衡以断代，固失体例，而贯串史实，则有功劳。

当然，《汉书》也有它的弱点。首先是作者从维护东汉统治的立场出发，根据董仲舒天命论的观点，极力宣传五德循环、王权神授、天人感应等理论。特别是《五行志》，把春秋以来迷信荒谬的事连篇累牍记载下来，开后世五行符瑞等志的恶例。

还有，《汉书》喜用古字、古词，也给读者造成了一些困难。早在东汉末年，服虔、应劭已为《汉书》作注，唐代又出现颜师古的注本。清人王先谦集前人研究成果，作《汉书补注》，颇便参考；近人杨树达著《汉书补注补正》及《汉书窥管》，对王氏之书有所补充。

第五节 《史记》与《汉书》的比较

一、作者撰史的异同

司马迁与班固二人撰史，其事颇多相似：（一）二人俱继父志，承父未竟之业，卒成其书。（二）二人均为史官，司马迁为太史公，班固为兰台令史。（三）二人皆得利用政府藏书作为史料，司马迁抽石室金匮之书,尽读内府所藏秘要书籍;班固为校书郎,得观东汉藏书。(四)二人皆遭冤狱,迁受腐刑,固死狱中。(五)二人均能文能赋,兼擅史学与文学。(六)二人之书均有待后人续补,司马迁书有部分篇章错落不全,班固书亦未全部完成。

不过,《史记》成于一人之手,《汉书》则除班固外,尚有班昭及马续补作,而且班固撰史时,有父亲班彪的《后传》可据,汉初至武帝时史事又多仍用《史记》原文。

二、内容与体例的比较

第一,从内容言,二书有两处不同:(一)《史记》为通史,上起黄帝,下迄汉武帝时止,包括二千六百余年间的史事;《汉书》为断代史,只记西汉一代二百三十年间的历史。(二)《史记》之旨在继《春秋》,在此之前尚无完整的史书,自不得不为通史体,以贯通古今;《汉书》上承《史记》,为免大量重复,不得不为断代体,实因需要不同所致。

第二,从体例言,《史记》创为纪传体,分"本纪""表""书""世家""列传"五类;《汉书》大体依照《史记》的成规,而稍有更易,如改"书"为"志","世家"一律改为"列传"。

第三,从编排言,《史记》有其独特之处,如尊项羽于本纪,列孔子、陈涉于世家,货殖、游侠、刺客均有列传,又合孟、荀、贾谊为一传;《汉书》方面,《古今人表》《艺文志》《地理志》均属初创之体。(表10)

表 10 《史记》与《汉书》体例的比较

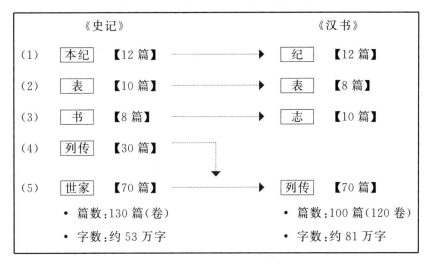

三、性质和观点的比较

第一,从性质言,《史记》为司马迁受刑后发愤完成的私家著作,有意概括社会全体的发展,而且言论不受限制,间有偏激之处,对于汉武帝亦有微词;《汉书》则为官书,稍偏于维护朝廷的立场,间有为当政者粉饰之处,亦甚少慷慨激昂之论。

第二,从观点言,《史记》虽推崇儒家,但同时受道家自然主义的影响,对残民以虐政的统治者表示憎恶,而寄同情于社会下层民众,又重视从物质条件分析事物的观点;《汉书》则以儒家思想为主道,又从正统观念出发,主张用道德修养来约束人民,而较少关心民众的生活。

第三,从文字言,《史记》工于文,以五十三万字叙二千余年事,其词简而浅;《汉书》密于体,以八十万字叙二百余年事,其文繁而深。

艺文志(节录)

《书》曰:"诗言志,歌咏言。"故哀乐之心感,而歌咏之声发。诵其言谓之诗,咏其声谓之歌。故古有采诗之官,王者所以观风俗,知得失,自考正也。孔子纯取周诗,上采殷,下取鲁,凡三百五篇,遭秦而全者,以其讽诵,不独在竹帛故也。汉兴,鲁申公为《诗》训故,而齐辕固、燕韩生皆为之传。或取《春秋》,采杂说,咸非其本义。与不得已,鲁最为近之。三家皆列于学官。又有毛公之学,自谓子夏所传,而河间献王好之,未得立。

……

传曰:"不歌而诵谓之赋,登高能赋可以为大夫。"言感物造端,材知深美,可与图事,故可以为列大夫也。古者诸侯卿大夫交接邻国,以微言相感,当揖让之时,必称《诗》以谕其志,盖以别贤不肖而观盛衰焉。故孔子曰"不学《诗》,无以言"也。春秋之后,周道浸坏,聘问歌咏不行于列国,学《诗》之士逸在布衣,而贤人失志之赋作矣。大儒孙卿及楚臣屈原离谗忧国,皆作赋以风,咸有恻隐古诗之义。其后宋玉、唐勒,汉兴枚乘、司马相如,下及扬子云,竞为侈丽闳衍之词,没其风谕之义。是以扬子悔之,曰:"诗人之赋丽以则,辞人之赋丽以淫。如孔氏之门人用赋也,则贾谊登堂,相如入室矣,如其不用何!"自孝武立乐府而采歌谣,于是有代赵之讴,秦楚之风,皆感于哀乐,缘事而发,亦可以观风俗,知薄厚云。序诗赋为五种。

……

《易》曰:"上古结绳以治,后世圣人易之以书契,百官以治,万民以察,盖取诸《夬》。""夬,扬于王庭",言其宣扬于王者朝廷,其用最大也。古者八岁入小学,故《周官》保氏掌养国子,教之六书,谓象形、象事、象意、象声、转注、假借，造字之本也。汉兴，萧何草律，亦著其法，曰："太史试学童，能讽书九千字以上，乃得为史。又以六体试之，课最者以为尚书御史史书令史。吏民上书，字或不正，辄举劾。"六体者，古文、奇字、篆书、隶书、缪篆、虫书，皆所以通知古今文字，摹印章，书幡信也。古制，书必同文，不知则阙，问诸故老，至于衰世，是非无正，人用其私。故孔子曰："吾犹及史之阙文也，今亡矣夫！"盖伤其浸不正。《史籀篇》者，周时史官教学童书也，与孔氏壁中古文异体。《苍颉》七章者，秦丞相李斯所作也；《爰历》六章者，车府令赵高所作也；《博学》七章者，太史令胡母敬所作也：文字多取《史籀篇》，而篆体复颇异，所谓秦篆者也。是时始造隶书矣，起于官狱多事，苟趋省易，施之于徒隶也。汉兴，闾里书师合《苍颉》《爰历》《博学》三篇，断六十字以为一章，凡五十五章，并为《苍颉篇》。武帝时司马相如作《凡将篇》，无复字。元帝时黄门令史游作《急就篇》，成帝时将作大匠李长作《元尚篇》，皆《苍颉》中正字也。《凡将》则颇有出矣。至元始中，征天下通小学者以百数，各令记字于庭中。扬雄取其有用者以作《训纂篇》，顺续《苍颉》，又易《苍颉》中重复之字，凡八十九章。臣复续扬雄作十三章，凡一百二章，无复字，六艺群书所载略备矣。《苍颉》多古字，俗师失其读，宣帝时征齐人能正读者，张敞从受之，传至外孙之子杜林，为作训故，并列焉。

（《汉书·艺文志》卷三十）

第六章　西晋时期：陈寿与《三国志》

第一节　陈寿生平和《三国志》成书经过

《三国志》，西晋陈寿撰，是记载三国鼎立时期比较完整的史书，有纪、传而无志、表，全书成于一人之手，文笔简洁，叙事有法，历来评价颇高。

陈寿，字承祚，巴西安汉（今四川南充）人。生于刘后主建兴十一年（公元 233 年），卒于晋惠帝元康七年（公元 297 年），年六十五。幼时受学于同郡史学家谯周（约公元 201—270 年），蜀汉时做过官，但因不肯曲意依附专权的宦者黄皓，屡被遣黜。入晋以后，张华佩服他有学问，荐为佐著作郎，奉诏整理故蜀丞相诸葛亮的事迹和著作，于泰始十年（公元 274 年）编成《诸葛亮集》二十四篇，因此升为著作郎，这时正值四十一岁。此后从事于魏、蜀、吴三国史料的搜集，撰成《三国志》。[①] 张华想推荐他为中书郎，但为荀勖所忌，出为长广太守，辞而未就。后来杜预推荐他做治书御史，不

---

① 或谓陈寿开始整理三国史事，著《三国志》，是在晋武帝太康元年（公元 280 年）灭吴以后。

久又被人攻击免职。除《三国志》外,尚著有《益部耆旧传》和《古国志》。

　　《三国志》的成书年代,迄无定论,根据有关记载推算,此书的编写大约用了不下十年的时间。[①] 此书脱稿后,颇受时人推重,称赞他善于叙事,有良史之才。相传当时夏侯湛著有《魏书》,见《三国志》后自愧不如,把自己的书稿毁掉。陈寿死后,晋惠帝下诏给河南尹、洛阳令,派人到陈寿家里抄录了一部,藏于官府。于是《三国志》就由私家著述,变为政府承认的史书。有关陈寿生平及撰写《三国志》经过,详见《晋书·陈寿传》。

第二节　《三国志》的内容和材料来源

　　《三国志》由三个部分组成,即《魏书》三十卷,《蜀书》十五卷,《吴书》二十卷,合计六十五卷。原本各自为书,到北宋雕版才合而为一,改称《三国志》。记事上起汉献帝建安二十五年,即魏文帝黄初元年(公元 220 年),下迄西晋灭吴之年,即吴末帝天纪四年(公元 280 年),包括魏、蜀、吴三国鼎立时期六十年的历史。体例属纪传体的分国史,又无表、志,在断代史中,别创一格。

　　《魏书》前四卷称纪,对魏的君主称"帝";[②]《蜀书》《吴书》有传

---

　　① 由于陈寿的《叙录》一卷已佚,很难确实地推算出编著《三国志》的时间。根据《晋书·陈寿传》和《华阳国志·陈寿传》的记载,书成之后,张华要再次推荐他,但为荀勖排斥。按荀勖死于太康十年(公元 289 年),所以陈寿写《三国志》,若从公元 280 年起计,大约用了十年时间;若从公元 274 年起计,则有十五六年。

　　② 南宋以后,学者遵用朱熹以蜀为正统的主张,删去魏帝称"纪"的名目。今本魏还留有"帝"称,而蜀与吴只称"主",就是删改未尽的痕迹。

无纪,对蜀、吴君主只称"主",叙入传中,但写法与帝纪相同,按年叙事,在客观上反映了蜀、吴和魏居于同等地位的历史真实情况。

　　在《三国志》成书前,魏、吴两国已先有史,官修的有王沈的《魏书》、韦昭的《吴书》,私撰的有鱼豢的《魏略》。这三种书是陈寿所依据的主要材料。至于蜀国的史料,即全靠陈寿自己搜集采访。尽管陈寿是蜀人,注意蜀的史事,但所掌握的史料,始终不及魏、吴的官史那样丰富。加上魏在三国中疆域较大,人口较多,生产情况和学术文化也较可观,因此《三国志》中以《魏书》的材料及篇幅最多,《吴书》次之,《蜀书》的内容分量最少,仅有《魏书》的三分之一。(表11)

表 11 　《三国志》内容概略

组成部分	卷数	篇目举例
(1)《魏书》	30	《武帝纪》《文帝纪》等四卷;《后妃传》《董卓、袁绍、袁术、刘表传》等。
(2)《蜀书》	15	《二牧传》《先主传》《后主传》《二主妃子王子传》《诸葛亮传》等。
(3)《吴书》	20	《孙坚、孙策传》《吴主传》《三嗣主传》《妃嫔传》《宗室传》等。

第三节　《三国志》的评价

　　《三国志》与《史记》《汉书》等相比,内容不算丰富,但由于有关三国时期历史的记载流传很少,所以不失为研究三国史的一部重要史籍;事实上,《三国志》是超越了其他有关魏、蜀、吴史事的撰著的。南朝梁的文学批评家刘勰在《文心雕龙·史传篇》中说:

及魏代三雄,记传互出。〔孙盛〕《〔晋〕阳秋》《魏略》之风,〔虞溥〕《江表〔传〕》、〔张勃〕《吴录》之类,或激抗难征,或疏阔寡要,唯陈寿《三国志》,文质辩洽,荀〔勖〕、张〔华〕比之迁、固,非妄誉也。

可以代表一般人的意见。具体来说,《三国志》的优点和价值,表现于下列几项:

首先,在选材和组织方面,《三国志》比前史更为精密,全书前后贯串,事不重复。如见于《魏书》,则《吴书》《蜀书》不重出;见于《吴书》《蜀书》的,也是一样。因此前后矛盾之处,书中亦很少见。

其次,在保存史料方面,如《魏书·张鲁传》和《蜀书·刘焉传》保存了五斗米道的原始材料,《魏书·华佗传》存录了古代医学的辉煌事迹,《魏书·张燕传》保存了黄巾起事后张牛角继续斗争的史实。《魏书·东夷传》保存了一些有关日本的最古记载。这些材料,都具有很高的参考价值。

此外,《三国志》纪、传后面不用论赞,而称"评曰",议论颇有见地,大抵是正确可取的。文笔简洁,叙事扼要,亦是其长处,所以《三国志》在文学方面也有很高的地位。但过于简略,则是其缺点,例如魏的屯田制度是一代大事,在《魏书·武帝纪》及《任峻传》两处记载,寥寥数十字;魏晋南北朝时期盛行的九品中正制,《魏书·陈群传》中只有一句提及著名哲学家王弼的事迹,附于《魏书·锺会传》;不过二十三字;而著名的科学技术家马钧,则未著一词。

《三国志》经常被后人批评的有两点:

第一,是以魏为正统。关于这个问题,《四库全书总目提要》有相当明白的解释：

> 寿则身为晋武之臣，而晋武承魏之统，伪魏是伪晋矣，其能行于当代哉！此犹宋太祖篡立近于魏，而北汉、南唐迹近于蜀，故北宋诸儒皆有所避而不伪魏；高宗以后，偏安江左，近于蜀，而中原魏地全入于金，故南宋诸儒乃纷纷起而帝蜀。此皆当论其世，未可以一格绳也。

所谓"正统"观念，实因时因地而异，这种是非的争论，意义是不大的。

第二，是书中时有曲笔。尤其是对魏和魏、晋改朝换代的史实，多有隐讳；如司马师废齐王芳，《魏书》不敢明言，说是太后的命令，其实太后并不知其事。陈寿运用回护的笔法，为西晋统治者隐恶扬善，歪曲了一些历史真相，确是很大的缺点。

至于说陈寿索米不遂而不为丁仪兄弟立传，及因父受刑而贬抑诸葛亮的两种传说，都是不可靠的。①

第四节 《三国志》裴松之注

由于陈寿写《三国志》时，有关三国时期的史料还比较缺

_____

① 《晋书·陈寿传》讥议陈寿修史态度有欠公正："或云：丁仪、丁廙有盛名于魏。寿谓其子曰：'可觅千斛米见与，当为尊公作佳传。'丁不与之，竟不为立传。寿父为马谡参军，谡为诸葛亮所诛，寿父亦坐被髡，诸葛瞻又轻寿；寿为亮立传，谓亮将略非长，无应敌之才，言瞻惟工书，名过其实。议者以此少之。"这两件事关系史家的史德和史料真伪的问题很大，经过清人及近人的辨明，指出《晋书》是根据当时无稽的游谈及有意地捏造，并不可靠。参朱杰勤《中国古代史学史》，页97—98。

乏,加以陈寿的文笔过于简洁,许多事实需要注解说明,故在陈寿死后一百三十余年(公元 429 年),南朝宋文帝命裴松之为《三国志》作注。

裴松之(公元 372—451 年),字世期,河东闻喜(今山西闻喜)人,曾任国子博士、永嘉太守等职。他在注释《三国志》时,一改前人成规,作注所重不在文字的训释,而以补缺、备异、惩妄和论辩为宗旨,从史实方面对《三国志》加以增补和考订,实开作注的新例。①注中引用魏、晋人著作,多至二百一十种,所引材料,首尾完整,文字超过正文三倍。后世或批评裴注过于芜杂,已超越注释的范围,变成《三国志》的增补;但从史料价值来说,绝不低于《三国志》本身,特别是注中所引诸书,大部分以后都失传了,裴注便显得更加宝贵。历来史学家都把裴注作为《三国志》的重要部分,二者不可分割,所以读《三国志》时,不宜忽略裴注。

袁绍传

袁绍字本初,汝南汝阳人也。高祖父安,为汉司徒。自安以下四世居三公位,由是势倾天下。绍有姿貌威容,能折节下士,士多附之,太祖少与交焉。以大将军掾为侍御史,稍迁中军校尉,至司隶。

……

董卓呼绍,议欲废帝,立陈留王。是时绍叔父隗为太傅,绍伪许之,曰:“此大事,出当与太傅议。”卓曰:“刘氏种不足复遗。”绍不

---

① 《四库全书总目提要》指出裴松之注《三国志》的方法,约有六点:(一)引诸家之论,以辨是非;(二)参诸家之说,以核讹异;(三)传所有之事,详其委曲;(四)传所无之事,补其阙佚;(五)传所有之人,详其生平;(六)传所无之人,附以同类。

应，横刀长揖而去。绍既出，遂亡奔冀州。侍中周毖、城门校尉伍琼、议郎何颙等，皆名士也，卓信之，而阴为绍，乃说卓曰："夫废立大事，非常人所及。绍不达大体，恐惧故出奔，非有他志也。今购之急，势必为变。袁氏树恩四世，门世故吏遍于天下，若收豪杰以聚徒众，英雄因之而起，则山东非公之有也。不如赦之，拜一郡守，则绍喜于免罪，必无患矣。"卓以为然，乃拜绍勃海太守，封邟乡侯。

　　绍遂以勃海起兵，将以诛卓。语在《武纪》。绍自号车骑将军，主盟，与冀州牧韩馥立幽州牧刘虞为帝，遣使奉章诣虞，虞不敢受。后馥军安平，为公孙瓒所败。瓒遂引兵入冀州，以讨卓为名，内欲袭馥。馥怀不自安。会卓西入关，绍还军延津，因馥惶遽，使陈留高干、颍川荀谌等说馥曰："公孙瓒乘胜来向南，而诸郡应之，袁车骑引军东向，此其意不可知，窃为将军危之。"馥曰："为之奈何？"谌曰："公孙提燕、代之卒，其锋不可当。袁氏一时之杰，必不为将军下。夫冀州，天下之重资也，若两雄并力，兵交于城下，危亡可立而待也。夫袁氏，将军之旧，且同盟也，当今为将军计，莫若举冀州以让袁氏。袁氏得冀州，则瓒不能与之争，必厚德将军。冀州入于亲交，是将军有让贤之名，而身安于泰山也。愿将军勿疑！"馥素恇怯，因然其计。馥长史耿武、别驾闵纯、治中李历谏馥曰："冀州虽鄙，带甲百万，谷支十年。袁绍孤客穷军，仰我鼻息，譬如婴儿在股掌之上，绝其哺乳，立可饿杀。奈何乃欲以州与之？"馥曰："吾，袁氏故吏，且才不如本初，度德而让，古人所贵，诸君独何病焉！"从事赵浮、程奂请以兵拒之，馥又不听。乃让绍，绍遂领冀州牧。

　　……

先是,太祖遣刘备诣徐州拒袁术。术死,备杀刺史车胄,引军屯沛。绍遣骑佐之。太祖遣刘岱、王忠击之,不克。建安五年,太祖自东征备。田丰说绍袭太祖后,绍辞以子疾,不许,丰举杖击地曰:"夫遭难遇之机,而以婴儿之病失其会,惜哉!"太祖至,击破备;备奔绍。

绍进军黎阳,遣颜良攻刘延于白马。沮授又谏绍:"良性促狭,虽骁勇不可独任。"绍不听。太祖救延,与良战,破斩良。绍渡河,壁延津南,使刘备、文丑挑战。太祖击破之,斩丑,再战,禽绍大将。绍军大震。太祖还官渡。沮授又曰:"北兵数众而果劲不及南,南谷虚少而货财不及北;南利在于急战,北利在于缓搏。宜徐持久,旷以日月。"绍不从。连营稍前,逼官渡,合战,太祖军不利,复壁。绍为高橹,起土山,射营中,营中皆蒙楯,众大惧。太祖乃为发石车,击绍楼,皆破,绍众号曰霹雳车。绍为地道,欲袭太祖营。太祖辄于内为长堑以拒之,又遣奇兵袭击绍运车,大破之,尽焚其谷。太祖与绍相持日久,百姓疲乏,多叛应绍,军食乏。会绍遣淳于琼等将兵万余人北迎运车,沮授说绍:"可遣将蒋奇别为支军于表,以断曹公之钞。"绍复不从。琼宿乌巢,去绍军四十里。太祖乃留曹洪守,自将步骑五千候夜潜往攻琼。绍遣骑救之,败走。破琼等,悉斩之。太祖还,未至营,绍将高览、张郃等率其众降。绍众大溃,绍与谭单骑退渡河。余众伪降,尽坑之。沮授不及绍渡,为人所执,诣太祖,太祖厚待之。后谋还袁氏,见杀。

初,绍之南也,田丰说绍曰:"曹公善用兵,变化无方,众虽少,未可轻也,不如以久持之。将军据山河之固,拥四州之众,外结英雄,内修农战,然后简其精锐,分为奇兵,乘虚迭出,以扰河南,救右则击其左，救左则击其右，使敌疲于奔命，民不得安业；我未劳而彼已困，不及二年，可坐克也。今释庙胜之策，而决成败于一战，若不如志，悔无及也。"绍不从。丰恳谏，绍怒甚，以为沮众，械系之。绍军既败，或谓丰曰："君必见重。"丰曰："若军有利，吾必全，今军败，吾其死矣。"绍还，谓左右曰："吾不用田丰言，果为所笑。"遂杀之。绍外宽雅，有局度，忧喜不形于色，而内多忌害，皆此类也。

（《三国志·袁绍传》）

第七章　南北朝时期：范晔与《后汉书》

第一节　范晔生平和《后汉书》成书经过

《后汉书》，南朝宋范晔撰，载东汉一代史事，但成书年代较陈寿《三国志》为晚，书中有关东汉末年部分多据《三国志》。《后汉书》出后，逐渐取代了《东观汉记》等记述东汉的史书，唐代配以《史记》《汉书》，并称"三史"；后世一般加上《三国志》，合称为"四史"。

范晔（公元 398—445 年），字蔚宗，顺阳（今河南淅川）人。出身官僚家庭，自少好学，博览经史，善为文章，且通音律。初为彭城王刘义康的冠军参军，①迁尚书吏部郎，但因小节得罪了刘义康，被贬为宣城太守。他感到很不得志，发奋修订诸家后汉史书，开始撰写《后汉书》，当时才二十七岁。后来升为左卫将军、太子詹事，虽得参预机要，亦仅以"才艺"见重。当时刘义康与其兄宋文帝刘义隆

---

① 冠军是军队编制的一种称号，参军是军队中参议军事的官，冠军参军就是冠军部队中的参军。

的政治矛盾日趋尖锐,孔熙先、谢综等谋立刘义康为帝,范晔牵连在内,以谋反罪被捕处死,时年四十八。著作除《后汉书》外,《汉书缵》《百官阶次》皆已散佚。事迹见《宋书·范晔传》,《南史》则列于其父范泰传后。关于谋反一节,后世学者曾为他辩护,但这与他写《后汉书》并无直接关系。

在范晔之前,已有多种记载东汉事迹的史籍,不过范晔认为都不满意,乃以《东观汉记》为主要依据,并参考华峤《汉后书》等,删繁补缺,从事撰作。照原定计划,有十纪、十志、八十列传,但只完成了纪和传而没有志。① 南朝梁国刘昭取晋人司马彪所作《续汉书》的八志三十卷,与范晔写成的纪、传合成一书,这就是今本《后汉书》的来历。

司马彪(? —约公元 306 年),字绍统,西晋河内温县(今河南温县西)人。历仕散骑侍郎、秘书郎、秘书丞,博览群书,立志著述。曾作《九州春秋》,记述东汉末年军阀混战史事;又以当时所有东汉史书载述繁杂。而安帝、顺帝以后史事亡佚颇多,遂参考群籍,加上采访所得,编录东汉一代从光武帝到献帝二百年间史事,作纪、志、传八十篇,名为《续汉书》。但纪、传今已失传,只有志保留在《后汉书》中。

----

① 《后汉书》卷十下《皇后纪》章怀注云:"沈约《谢俨传》曰:范晔所撰十志,一皆托俨。搜撰垂毕,遇晔败,悉蜡以覆车。宋文帝令丹阳尹徐湛之就俨寻求,已不复得,一代以为恨。其志今阙。"《四库提要》误谢俨为谢瞻,参柴德赓《史籍举要》,页22。

第二节　《后汉书》的内容

《后汉书》上起新莽灭亡(公元 23 年),下至汉献帝建安二十五年(公元 220 年),记载东汉一代一百九十多年间的历史。此书共一百二十卷,包括"纪""列传"和"志"三个部分:

(一)纪——十卷,其中《光武纪》和《皇后纪》各分上、下卷,实为十二卷。在位不超过一年的幼帝,附于其他帝纪之后,不独立为一卷,如殇帝附于《和帝纪》中,冲帝、质帝附于《顺帝纪》中;又因东汉皇后多临朝听政,故另立《皇后纪》。

(二)列传——八十卷,列名于目录的有五百余人,多以类相从,不受时间先后的限制。① 新增的类传有七种:《党锢列传》和《宦者列传》,反映了东汉的历史情况;《文苑列传》记文学之士,与专重学术的《儒林列传》不同;《独行列传》多记述以"特立卓行"获得声誉而入仕途的人,《逸民列传》则记述自命清高、隐居不仕的人物;《方术列传》载神仙怪异之事,也记科学技术人物的活动;《列女列传》记蔡琰(文姬)等十七名才行卓越的女子。

(三)志——计有《律历志》《礼仪志》《祭祀志》《天文志》各三卷,《五行志》六卷,《郡国志》《百官志》各五卷,《舆服志》二卷,共三十卷。其中《舆服志》记车服沿革和式样,《百官志》记录一代官制,都是新增的。(表12)

---

① 例如王充、王符、仲长统等并非同时人,但都是东汉的思想家和著述家,以其立论针对当时社会,本身则淡泊荣利,故合为一卷;卓茂、鲁恭、魏霸、刘宽等都有"宽仁恭爱"之称,也同在一卷。

表 12　《后汉书》内容概略

作者	类别	卷数	篇目举例
范晔	纪	10	《光武帝纪》《明帝纪》《章帝纪》等九卷，另《皇后妃》一卷。
	列传	80	《刘玄、公孙述列传》《宗室王侯列传》《李通、吕布列传》《循吏列传》《酷吏列传》等。
司马彪	志	30	《律历志》《礼仪志》《祭祀志》《天文志》《五行志》《郡国志》《百官志》《舆服志》。

　　范晔所写的纪传部分，由唐高宗的儿子章怀太子李贤作注；司马彪所撰的各志，由南朝梁刘昭作注。清代惠栋复有《后汉书补注》，王先谦更为之增补，作《后汉书集解》，网罗唐、宋以来诸家之说，最称完备。

第三节　《后汉书》的评价

　　《后汉书》沿用纪传体断代史的体例，并在《史记》《汉书》的基础上，作了一些改进。第一，在编纂方面就有所创立：（一）《史记》吕后入本纪，其余的皇后入外戚传，《汉书》因仍不改；《后汉书》因应了东汉的情况，立《皇后传》，而掌权的外戚则另立专传，这是名正言顺的。（二）新增《党锢》《宦者》《文苑》《独行》《方术》《逸民》《列女》等列传，提供了处理历史人物的便利方法，为后来的史学家所仿效。（三）立传偏重以类相从的原则，不拘时间先后，在一定程度上方便了读者。（四）沿用《三国志》的方法，凡一事与数人相关的，见于此则不见于彼，悉心核订，文字力求精练，因此"简而且周，疏而不漏。"①

第二,在内容方面,《后汉书》不但记载东汉一代的事迹,也保存了一代的史料。范晔的时代距东汉灭亡已二百年,修史时不但有丰富的史料可以凭借,而且还有诸家的史著可供参考。② 由于范晔的文笔很高,《后汉书》又只有纪、传,易于诵习,学者喜欢传钞,其余诸家史书先后亡佚,《后汉书》的价值便更珍贵了。范晔又模仿《汉书》的办法,列传中收入不少政论文章和文学作品,③这些原始资料对研究东汉社会的政治、经济、文化,帮助很大。其他如《东夷》《南蛮、西南夷》《西羌》《西域》《南匈奴》《乌桓、鲜卑》等传,虽多袭用《三国志》的材料,但记述边疆各族的活动情况及与汉族的关系,极有条理,借此可以看出魏晋以后北方各族内侵,是由于东汉政府处理民族问题不当所酿成的结果。

第三,范晔在识见上,对宦官、外戚横行作歹表示憎恨,因此推崇名节,同情党人和正直之士。这种抑势利、薄公卿、褒党锢、尊独行的叙事态度,具有一定的进步意义。范晔又在后纪以外立《列女传》,自谓"但搜次才行尤高秀者,不必专在一操而已。"内容并不限于表扬贞节,这是应该给予肯定评价的。此例一开,有优秀表现的妇女才能在纪传体史书中占一席位。可惜后来的"正史"只强调"节妇烈女",把列女传变成"烈女传",有些史家甚至从"节操"观点

---

① 刘知幾《史通·补注篇》。

② 据清人王先谦《后汉书集解述略》所说,在班固以后、范晔以前,记述东汉一代的史书约有十八家,编著二十种,共有一千零四十九卷。其中有长编的,如班固、卢植等《东观汉记》;有纪传的,如华峤《汉后书》;有编年的,如袁宏《后汉记》;也有实录集,如袁晔《献帝春秋》。参见李宗邺《中国历史要籍介绍》,页137—138。

③ 例如《王符传》载其《潜夫论》中五篇,《仲长统传》载其《乐志论》及《易言》中二篇,《张衡传》载其《客问》一篇,《上疏陈事》一篇,《请禁图谶》一篇等等。

来批评范晔，指责《后汉书·列女传》记述改嫁的妇女，这样的指责其实是错误的。①

此外，范晔于纪传之后，有论有赞。范晔尝以此自夸，②更认为诸赞是"吾文之杰思，殆无一字空设"。后世学者或讥其烦复；然平心而论，其中实不乏独创之见，且有分析当时形势之论，并非托之空言，兼且夹叙夹议，实不失为卓越的史论。

范晔每每要与《汉书》较一日之长短，并对自己的著作给予很高的估价。他说："详观古今著述及评论，殆少可意者。班氏最有高名，既任情无例，不可甲、乙辨；后赞于理，近无所得，唯志可推耳。博赡或不及之，整理未必愧也。"又云："自古体大而思精，未有此也。"事实上他对历史上政治变动的观察，是比班固深刻敏锐的；如上所述，《后汉书》也有超越《汉书》之处。不过范晔死时，还未完成全书，编排失当、资料遗漏等小毛病，是无法避免的。应该指出，《后汉书》最为可议之处，是对东汉末年的民变多所诋毁，甚至在当时影响至巨的黄巾起事，亦仅附于《皇甫嵩传》中，没有专章记述。书中又无表、志，后人虽把司马彪所作的志并入，可惜司马彪的识见不高，不立《食货》《艺文》《河渠》等志，没有适当地处理社会经济、交通和文化情况等问题，实在是很大的缺陷。

---

① 《史通·人物篇》："蔚宗《后汉》，传标列女，徐淑不齿，而蔡琰见书；欲使彤管所载，将安准的。"蔡琰先嫁卫仲道，继设于匈奴左贤王，后嫁董祀，刘知几以为不应记入《列女传》中。至于不记徐淑，是否由于范晔有意"不齿"，或仅材料缺乏而已，学者之间也有所讨论。

② 范晔在《狱中与诸甥侄书》说："吾杂传论，皆有精意深旨，既有裁味，故约其词句。至于《循吏》以下及《六夷》诸序论，笔势纵放，实天下之奇作。其中合者，往往不减《过秦论》。尝共比方班氏所作，非但不愧之而已。"

张 衡 传

张衡字平子,南阳西鄂人也。世为著姓。祖父堪,蜀郡太守。衡少善属文,游于三辅,因入京师,观太学,遂通《五经》,贯六艺。虽才高于世,而无骄尚之情。常从容淡静,不好交接俗人。永元中,举孝廉不行,连辟公府不就。时天下承平日久,自王侯以下,莫不踰侈。衡乃拟班固《两都》,作《二京赋》,因以讽谏。精思傅会,十年乃成。文多故不载。大将军邓骘奇其才,累召不应。

衡善机巧,尤致思于天文、阴阳、历算。常耽好《玄经》,谓崔瑗曰:"吾观《太玄》,方知子云妙极道数,乃与《五经》相拟,非徒传记之属,使人难论阴阳之事,汉家得天下二百岁之书也。复二百岁,殆将终乎?所以作者之数,必显一世,常然之符也。汉四百岁,玄其兴矣。"安帝雅闻衡善术学,公车特征拜郎中,再迁为太史令。遂乃研核阴阳,妙尽璇机之正,作浑天仪,著《灵宪》《算罔论》,言甚详明。

顺帝初,再转,复为太史令。衡不慕当世,所居之官,辄积年不徙。自去史职,五载复还,〔下略〕

阳嘉元年,复造候风地动仪。以精铜铸成,员径八尺,合盖隆起,形似酒尊,饰以篆文山龟鸟兽之形。中有都柱,傍行八道,施关发机。外有八龙,首衔铜丸,下有蟾蜍,张口承之。其牙机巧制,皆隐在尊中,覆盖周密无际。如有地动,尊则振龙机发吐丸,而蟾蜍衔之。振声激扬,伺者因此觉知。虽一龙发机,而七首不动,寻其方面,乃知震之所在。验之以事,合契若神。自书典所记,未之有也。尝一龙机发而地不觉动,京师学者咸怪其无征,后数日驿至,果地震陇西,于是皆服其妙。自此以后,乃令史官记地动所从方起。

时政事渐损,权移于下,衡因上疏陈事曰〔下略〕

后迁侍中,帝引在帷幄,讽议左右。尝问衡天下所疾恶者。宦官惧其毁己,皆共目之,衡乃诡对而出。阉竖恐终为其患,遂共谗之。

衡常思图身之事,以为吉凶倚伏,幽微难明,乃作《思玄赋》,以宣寄情志。〔下略〕

永和初,出为河间相。时国王骄奢,不遵典宪;又多豪右,共为不轨。衡下车,治威严,整法度,阴知奸党名姓,一时收禽,上下肃然,称为政理。视事三年,上书乞骸骨,征拜尚书。年六十二,永和四年卒。〔下略〕

(《后汉书·张衡传》卷五十九)

第八章　刘知幾与《史通》：第一部史评

第一节　刘知幾生平和撰写《史通》的目的

《史通》，唐代刘知幾撰，是中国第一部史学理论专著，对中国前此的史籍作了全面的分析和批评，无论在体例上、内容上，都是空前的杰作。

刘知幾（公元 661—721 年）是唐代杰出的历史学家，又是中国第一个有系统地提出史学评论的学者。二十岁举进士，授获嘉主簿。武则天时，历任著作佐郎、左史等职，兼修国史。中宗时，因官凤阁舍人，①暂停史职，次年复任著作郎，仍兼修国史。其后在参与纂修《则天皇后实录》时，因主张善恶必书，不曲笔为武后歌功颂德，与监修官武三思等发生争执，愤而辞职，但不久又重入史馆。玄宗时，官至左散骑常侍。开元九年（公元 721 年），为营救长子犯罪流配一事，贬为安州都督府别驾，不久去世。年六十一。事迹见

---

① 凤阁舍人即中书舍人，武则天时改用此称。

《旧唐书·刘子玄传》。

刘知幾为人刚直不阿,长于史学,著述甚多。他参与编写的史书,有《三教珠英》(一千三百一十三卷)、《高宗实录》(二十卷)、《中宗实录》(二十卷)、《则天皇后实录》(三十卷)等。自撰的史书,有《刘氏家乘》十卷、《刘氏谱考》三卷、《睿宗实录》十卷、《刘子玄传》三十卷、《史通》二十卷,但只有《史通》及一些散篇流传至今。

《史通》的编写工作,大约始于武后长安三年(公元703年),至中宗景龙四年(公元710年)完成。在此书面世之前,中国已出现了许多优秀的史学家,产生了大批的史学著作,单是《隋书·经籍志》史部所著录的,就有八百多部,约一万三千余卷。认真总结前人编写史书的经验,已成为史学发展的客观要求,因此《史通》的产生,无疑是作者本身精通史学以及刻苦钻研的成果,但在另一方面说,与古代史学的发展是分不开的。

刘知幾自幼酷爱史学,又担任史职达二十余年,不但博览群书,而且有丰富的编撰史籍的经验;加以当时李、武集团争权夺利,互相倾轧,使刘知幾从中看到社会的弊病,希图改革,逐渐形成了自己的一套史学观点。但是,在弊病多端的史馆里修史,要想充分施展自己的才能和表达个人的见解,是不可能的。刘知幾于是利用工作之余,私撰《史通》,一方面总结史书的得失,一方面阐述自己的史学主张。[①] 至于此书定名,也是有一番考究的,《自叙》说:

　　昔汉世诸儒,集论经传,定之于白虎观,因名曰《白虎通》。

――――――――――

　　① 《史通·自叙》:"嗟乎!虽任当其职,而吾道不行;见用于时,而美志不遂。郁怏孤愤,无以寄怀。必寝而不言,嘿而无述,又恐没世以后,谁知余者?故退而私撰《史通》,以见其志。"

余既在史馆而成此书，故便以《史通》为目。且汉求司马迁后封为"史通子"，是知史之称通，其来自久。博取众议，爰定兹名。

第二节 《史通》的内容和主张

《史通》共二十卷，原为五十二篇，今存四十九篇，①连同自注的，约八万八千多字。此书分为两个部分：

（一）"内篇"十卷，有《六家》《二体》《载言》《本纪》等三十六篇，内容多论史学的源流、体例和编撰方法；另有《体统》《纰缪》《弛张》三篇已亡佚，仅存篇目。

（二）"外篇"十卷，有《史官建置》《古今正史》《疑古》等十三篇，内容多论史官建置的沿革和史书的得失。（表 13）

表 13 《史通》内容概略

组成部分	卷数	篇目名称
内篇	十卷（三十六篇；另有三篇亡佚）	《六家》《二体》《载言》《本纪》《世家》《列传》《表历》《书志》《论赞》《序例》《题目》《断限》《编次》《称谓》《采撰》《载文》《补注》《因习》《邑里》《言语》《浮词》《叙事》《品藻》《直书》《曲笔》《鉴识》《探赜》《模拟》《书事》《人物》《核才》《序传》《烦省》《杂述》《辨职》《自叙》；另《体统》《纰缪》《弛张》仅存篇目。

---

① 《旧唐书》仅称《史通》二十卷，未言篇数；《新唐书》则称《史通》内外四十九篇，可知此三篇在北宋修《新唐书》时已失传。

（续表）

组成部分	卷数	篇目名称
外篇	十卷（十三篇）	《史官建置》《古今正史》《疑古》《惑经》《申左》《点烦》《杂说上》《杂说中》《杂说下》《五行志错误》《五行志杂驳》《暗惑》《忤时》。

作者对史学发展及与修史有关的各种问题，都具体地阐述了自己的看法，表现出卓越的识见和才能。总括全书，有以下几个中心意旨：

第一，归纳史书为六家二体，分析其优劣得失。刘知幾把以往的史书，按其著作的源流分为《尚书》家、《春秋》家、《左传》家、《国语》家、《史记》家和《汉书》家；又把"编年""纪传"二体作为史家的正体，称"正史"，其他旁流则称"杂述"。①

书中一一评述各种史书和体例的优劣得失，对于被奉为经典的《尚书》和《春秋》，亦敢于提出异议，如指责《春秋》一书为尊者讳、为贤者讳、为亲者讳的义例，认为这是"爱憎由己""厚诬来世"，因而批评《春秋》"真伪莫分，是非相乱"。对于纪传体，刘知幾对断代为史的方式，很是赞许，所以推崇《汉书》，但仍不满书中体例未够严谨，《古今人表》记录前代人物，就是一例。

第二，指出史书记载失实的原因，主张继承优秀的史学传统。刘知幾认为修撰史书的人，往往慑于当权者的威势，又往往贪求个人的荣华富贵，以致不敢振笔直书，歪曲了事实的真相。此外，修史者专凭主观爱憎作为记事的标准，仅依据片面传闻而不进行全

---

① 刘知幾还把杂述按其内容析为十流，即：编纪、小录、逸事、琐言、郡书、家史、别传、杂记、地理书、都邑簿。

面、深入的探讨，都是造成旧史记载失实的原因。所以他强调编撰历史的人应当"不掩恶，不虚美，不避强御，无所阿容"，不可随意褒贬，切忌"以实为虚，以非为是"。

第三，批评史家模拟旧著的错误，主张使用当代语言。刘知幾对学者喜欢模仿前代名著，不以为然。他指出模拟的途径有二：一是"貌同心异"，即只追求形式相同而不能吸收其长处；一是"貌异心同"，即取法前人的精神实质，而不徒具形式，"其所以为似者，取其道术相会，义理玄同，若斯而已。"世人往往爱好形式上的相同，"盖鉴识不明，嗜爱多僻，悦夫似史，而憎夫真史。"只有《史记》独创新体，无所胎袭，即使采用古书，也都经过整理和重写的工夫。刘知幾又肯定史籍虽记以往事迹，但只为今人而写的，应该用当代的语言文字和通俗的词句。

第四，指出当政者领导修史的弊病，强调私人撰史的优越性。史馆之设，始于北齐，以宰相兼领其职，称为"监修国史"；周、隋仍其旧制，至唐代更具规模。刘知幾曾受诏预修唐史，亲自体验了种种弊端，即所谓"五不可"：一、史馆例设多员，以致观望无成；二、史馆材料缺乏，以致闻见不广；三、权门贵族禁讳太严，无由写成信史；四、监修大臣意见不一，不知何所适从；五、分工不明，很难及时完成任务。刘知幾认为私人撰史，可以避免上述的弊端，摆脱权贵干涉，得成"一家独断"。

第五，强调文人不可修史，反对文史混淆。历代设馆修史，照例用达官贵人监修，而编述则多委之一般文士。但文人修史，容易流于浮夸虚饰，距离真实面貌很远。刘知幾说："喻过其体，词没其义，繁华而失实，流宕而忘返；无裨劝奖，有长奸诈。"此风气始自六朝,唐初更变本加厉,一部《晋书》完全成了骈四俪六的写作。因此刘知幾反对选用文士修史,指出"夫史之叙事也,当辩而不华,质而不俚。"史固不能不用文来表达,言之无文,行之不远,但文和史的性质及作用各有不同,史学是应该脱离文学而独立的。

第三节 《史通》的评价

《史通》论证的范围很广,诸如史官源流、史书体裁、史书评论、史学方法、史学修养、史料范围、史料鉴别,甚至史书的造句用语,都有论述;差不多包括了历史学的全部问题,所以此书不能单以史评看待。论者强调,《史通》在撰著上具有几个比较突出的方面,一是评论有据,二是兼指得失,三是批评尖锐,四是主张明确,因此这部一千二百多年前写成的著作,今日仍然受到重视,成为宝贵的史学遗产。[①] 至于它在史学上的价值,主要有以下几点:

第一,总结唐代以前的史学成就。《史通》之中,《史官建置》《古今正史》《六家》等篇,历述中国史官的起源及变迁,列举历代官修和私撰的各种史书,并对各家史书的体裁加以分析和评论,建立了史学史的基础,是研究唐代以前史学发展的重要著作。

第二,阐明史书体例并提出卓见。《六家》《本纪》《世家》《列传》《表历》《书志》《论赞》等多篇,都论到史书各种体例的意义和作用。刘知幾更提出史书要在志中增加制、册、章、表、书,专载重要文献,并增《都邑》《氏族》《方物》《方言》四志;这些都是卓越的见

---

① 参杨翼骧《刘知幾与史通》,《中国史学史论集》(一),页139—146。

解,而为后来郑樵的《通志》所采纳。

第三,建立严谨的史学方法。刘知幾从史料的范围、史料的采摘、史料的鉴别、史料的区分,到编纂的次序、史事的判断、人物的评论、篇幅的剪裁、文字的修饰等,都做了深入的研究和规划。并就史料与史书二者,提出分工合作之说。他的史学方法,很能自成一家,给后来许多历史学者以很大的影响,把中国史学推进了一步。

第四,提出史家必须具备的条件。刘知幾认为历史家要有科学的修养,公正的态度,实事求是的精神。书中畅论史家必须具备"三长",即才、学、识三个条件,所写的历史才能反映社会的真实情况。他说:

> 史才须有三长,世无其人,故史才少也。三长谓才也,学也,识也。夫有学而无才,亦犹有良田百顷,黄金满籝,而使愚者营生,终不能致于货殖者矣。如有才而无学,亦犹思兼匠石,巧若公输,而家无梗枏斧斤,终不果成其宫室者矣。犹须好是正直,善恶必书,使骄主贼臣,所以知惧。①

"史才"主要是指史定的才干;"史学"主要是指史家的知识学问;至于"史识",主要是指史家的史观和笔法,也就是"善恶必书"的"直笔论",刘氏强调"良史以实录直书为贵"。这些标准,在当时是很有见地的。

---

① 《旧唐书·刘子玄传》。《新唐书·刘子玄传》亦有相类似的记载说:"史有三长:才、学、识,世罕兼之,故史者少。夫有学无才,犹愚贾操金,不能殖货;有才无学,犹巧匠无梗枏斧斤,弗能成室。善恶必书,使骄君贼臣知惧,此为无可加者。"

第五，发扬历史进化的观点。刘知幾反对命定论的历史观，认为论成败当以人事为主，把一切诿于天命，既不能真正说明历史的发展，也不足以提供有益的经验教训。因此，他通过历史材料的分析，对各种有关迷信的记载予以驳斥，有力地批判了阴阳灾异和祥瑞、符命的迷信思想。这种进步的历史观，对中国史学的发展是有贡献的。

第六，开辟史评的道路。史评包括两种，一是对史事的评论，一是对史书的评论。在中国史学发展史上，全面有系统的史评，创始于刘知幾的《史通》，到宋代才开始把史评列为史部分类的一门。

总之，《史通》所提出的很多建议，都丰富了历史学的内容，对于推动历史学的发展，是有很大贡献的。由于书中持论激烈，难免受到一些诬蔑，尤以《疑古》《惑经》二篇被攻击得最多，这些批评其实是过苛的。① 当然，《史通》是有一些缺点的，例如言论前后矛盾，持论有所偏差等等。②

《史通》的注本，以清人浦起龙所撰《史通通释》为最佳，流行亦最广。此外，陈汉章《史通通释》、杨明照《史通通释补》、罗常培《史通增释序》及吕思勉《史通评》等，均可供参考。

---

① 例如把北宋宋祁指刘知幾"工诃古人而拙于用己"。（《新唐书·刘子玄传》）

② 朱杰勤《中国古代史学史》指出，《史通·表历》完全否定了表在史书中的辅助作用，但在别处又承认表可以节省纪事之烦，方便读者。（页154）高振铎主编《中国历史要籍介绍及选读》认为《史通》说"陈胜起自群盗"，又说黄巾、赤眉是"寇贼"，以及为了维持"名教"而在一定程度上赞同用"隐讳"的笔法等，反映了刘知幾的地主阶级立场及维护封建统治的用心。（下册，页540）

第九章　历代政书：从"三通"到"十通"

第一节　政书类史书概说

一、"三通"及其续编

唐代杜佑的《通典》、南宋郑樵的《通志》和元代马端临的《文献通考》，合称"三通"。清代乾隆（公元 1736—1796 年）年间官修《续通典》《续通志》和《续文献通考》，称为"续三通"；又有"清三通"，即《清通典》《清通志》和《清文献通考》。三通、续三通、清三通，合称"九通"；1935 年商务印书馆加入近人刘锦藻的《清续文献通考》，成为"十通"。（表 14）

表 14　"十通"一览表

总称		书名	修撰者	卷数
九通	三通	1.《通典》	唐杜佑	200
		2.《通志》	南宋郑樵	200
		3.《文献通考》	元马端临	348

（续表）

总称		书名	修撰者	卷数
九通	续三通	4.《续通典》	清乾隆时官修	150
		5.《续通志》	清乾隆时官修	640
		6.《续文献通考》	清乾隆时官修	250
	清三通	7.《清通典》	清乾隆时官修	100
		8.《清通志》	清乾隆时官修	126
		9.《清文献通考》	清乾隆时官修	300
十通		10.《清续文献通考》	近人刘锦藻	400

二、会要及其他政书类史书

按朝代记载典章制度的史书称为"会要"，也是政书类史书的重要部分。这种体裁创始于唐代苏冕编的《会要》，内容包括唐高祖至唐德宗时；后来杨绍复、崔弦的《续会要》，续编了唐德宗至唐宣宗时的典章制度。宋代王溥接着补足了唐宣宗以后至唐末的史实，总其成而为《唐会要》，共一百卷，是现存中国最早的一部会要。王溥又收集了五代史料，撰成《五代会要》三十卷。

宋代共修会要十次，撰成二千二百卷，其后散佚，至明朝修《永乐大典》时收入其残卷。清代徐松主持编辑《全唐文》时，命人从残存的《永乐大典》中抄录出来，而成《宋会要辑稿》内容丰富；另外，有近人刘承幹请人增删整理的四百六十卷本。

分门记载元代典章的《经世大典》和《元典章》，也是会要的体例。明清两代改称"会典"，意即"典章会要"，以记各级行政机构的职掌和事例为主，是会要的别体。《明会典》的内容较《明史》各志为详，是研究明代典章制度的重要资料；《清会典》的体例仿《明会典》,记载各级行政机构的职掌、事例,惟将事例别为一编,是研究清代典章制度的重要资料。此外,还有后人根据史书补修的前代会要,如《西汉会要》《东汉会要》《三国会要》等,亦有一定的参考价值。

政书类史书中,还有专门记载某种典章制度的书。有的是某种制度的原始文件,如《唐六典》是详记唐代官制的书,《大唐开元礼》是详记唐代五礼的书,《唐律疏议》是详记唐代法律条文及其疏释的汇编。这三部书都是唐代有关方面的原始文件、法令律例,是非常珍贵的资料,《唐律疏议》更是中国以至亚洲现存最古老而又完整的法典,上承隋律的传统,下开《宋刑统》《大明律》和《大清律例》的先河,具有很高的学术价值。

第二节　《通典》及其续编

一、《通典》:典志体通史

唐代杜佑撰《通典》,是中国第一部典志体通史。共二百卷,记载历代典章制度沿革,上起传说中的唐虞,下迄唐肃宗、代宗时。内容分为食货、选举、职官、礼、乐、兵、刑、州郡、边防九门,每门又分为若干子目,共一千五百余条,综合各代,而详于唐代,包罗繁富,考订详确,有很高的史料价值。作者认为教化之本,在乎足衣食,而"农者有国之本也",故首列《食货典》。书中通过叙述典章制度的沿革和变化,强调历史变异是进步的现象,认为"古今既异,形势亦殊",如"欲行古道,势莫能遵"。

二、《续通典》:《通典》的续编

《续通典》是续杜佑《通典》之作,清乾隆年间官修,刘墉、嵇璜等主持,经纪昀等校订,共一百五十卷。北宋时,宋白等曾撰《续通典》二百卷[①],但因未有刊本,早已亡佚,至此敕命续纂。《通典》所记止于唐天宝之末(公元 756 年),故《续通典》从唐肃宗至德元年(公元 757 年)起记,迄于明崇祯末年(公元 1644 年),包括了唐末和宋、辽、金、元、明的典章制度。其篇目与《通典》相同,分为食货、选举、职官、礼、乐、兵、刑、州郡、边防九门;至各子目,则多有改并。

《续通典》在取材方面,除各代正史之外,还有《唐六典》《唐会要》《五代会要》《册府元龟》《太平御览》《契丹国志》《大金国志》《元典章》《明集礼》《明会要》等,再加上唐、宋、元、明人之文集、奏议,以及《唐文粹》《文苑英华》《宋文鉴》《元文类》《明经世文编》等;以明代史料最为丰富。

三、《清通典》:《续通典》的续编

《清通典》,即《清朝通典》,原称《皇朝通典》,清朝灭亡以后通用此名。清乾隆年间官修,刘墉、嵇璜等主持,一百卷,另有凡例、总目。记事起自清初(公元 1616 年),止于乾隆五十年(公元 1785 年)。体例与《续通典》同,分为食货、选举等九门;各门中的子目,则根据当时所行典制而略有调整。全书取材以《大清通礼》《大清

---

① 宋白等编修的《续通典》,成书于咸平四年(公元 1001 年),记载自唐至德初(公元 756 年)以后二百余年的典章制度,包括食货、选举、职官、礼、乐、兵、刑、州郡、边防。

会典》等为主,综合各书,分门别类。有关乾隆以前的清代典制,颇便检阅。

第三节 《通志》及其续编

一、《通志》:综合记述历代典章制度

《通志》,南宋郑樵著。共二百卷,是综合历代史料而成的通史性政书。此书虽与唐代杜佑《通典》、元代马端临《文献通考》并称"三通",列为典制通史类,实则与二书专录典章制度不同。书中"二十略"是全书精华所在,分别记载历代典章制度和学术文化,逐一阐述其源流演变,可与二书媲美。二十略中,氏族、六书、七音、都邑、昆虫草木五略为旧史所无,乃作者创新,其他诸略多用《通典》旧文。内容丰富,议论亦多精辟,研究古史,可资参考。《通志》〈总序〉说:"古者记事之史谓之志……太史公更志为记,今谓之志,本其旧也。"论者指出,《通志》就是模仿司马迁的《史记》而作的。①

二、《续通志》:《通志》的续编

《续通志》,六百四十卷,清乾隆年间官修,刘墉、嵇璜等主持,经纪昀等校订。本书体例与《通志》大致相同,分本纪、列传、二十略等几大部门,但缺世家、年谱。本纪、列传的内容与《通志》相衔

---

① 仓修良著《史家·史籍·史学》(济南:山东教育出版社,2000年),页234。

接,时间断限从唐初到元末,包括唐、宋、辽、金、元五朝,文字全部抄自正史;至于明代记传,因当时已另修《明史》,故不加纂。二十略则起于五代,而终于明末,不但继续《通志》的二十略,并有所补充和订正。如《通志·艺文略》只列书名卷数,本书则各补撰人名氏爵里;《通志·图谱略》以《索象》《原学》《订用》三篇辨其源流,又用《记有》《记无》考其存佚,本书则删除以上名称,另立经学、史乘、天文、地理、政典、学术、艺事、物数等目;对于《通志·昆虫草本略》,本书的增补和订误尤多。

三、《清通志》:《续通志》的续编

《清通志》,即《清朝通志》,原称《皇朝通志》,清亡后,通用此名。清乾隆年间官修,刘墉、嵇璜等主持,一百二十六卷,内容起自清初,止于乾隆晚年。体例虽仿《通志》,但省去了本纪、列传、世家、年谱,以其具存于实录、国史列传及宗室王公功绩表传诸书,馆臣不敢更加撰述,故仅存二十略,以凑足"三通"之数。此书二十略的名称与郑樵原本同,细目及内容则有所增减。例如:(一)《都邑略》《金石略》较郑书略为删简;(二)《艺文略》《校雠略》《图谱略》较郑书多所删并;(三)《天文略》《地理略》较郑书略有增补;(四)《六书略》《七音略》《昆虫草木略》比郑书增加了一些新的内容。本书对清朝开国至乾隆时期的典制,缕分条析,端委详明,不过内容除氏族、六书、七音、校雠、图谱、金石、昆虫草木诸略外,大体与《清通典》相重复。

第四节 《文献通考》及其续编

一、《文献通考》:典章制度通史

《文献通考》,简称《通考》,远古至南宋末年的典章制度通史。宋、元之际马端临著。作者在《自序》中说:"引古经史谓之文,参以唐宋以来诸臣之奏疏、诸儒之议论谓之献,故名曰《文献通考》。"共三百四十八卷,记载历代典章制度沿革,由上古开始,至南宋末年宋宁宗时止;分为田赋、钱币、户口、职役、征榷、市籴、土贡、国用、选举、学校、职官、郊社、宗庙、王礼、乐、兵、刑、经籍、帝系、封建、象纬、物异、舆地、四裔,共二十四门,门类较唐代杜佑《通典》为多,资料、内容亦较《通典》详尽。书中对宋代制度的得失多所论述。

二、《续文献通考》:《文献通考》的续编

《续文献通考》,二百五十卷,清朝乾隆年间官修,刘墉、嵇璜等主持,经纪昀等校订。因马端临《文献通考》止于南宋宁宗嘉定以前,而明朝王圻撰《续文献通考》二百五十四卷,止于明万历初年,且"体例糅杂,舛错丛生",故乾隆十二年(公元1747年)敕命续辑宋、辽、金、元、明五朝事迹议论,汇为是书。原议在马氏所分二十四门外,别增朔闰、河渠、氏族、六书四门,其后决定《通典》《通志》也分别续修,所拟增加的四门都在《通志》二十略的范围内,于是仍以马氏原目为基础,仅从《郊社考》《宗庙考》中分出《群社考》《群庙考》,计二十六门。内容与《文献通考》相接,上起南宋宁宗嘉定年

间,下讫明朝崇祯末年,记述了这四百多年间政治、经济、文化制度的沿革。取材多据明代王圻撰《续文献通考》,①并引征各代正史、说部、杂编以及文集、史评、语录等资料加以改编和考订。对《文献通考》所未详者,亦有所补正。

三、《清文献通考》:《续文献通考》的续编

《清文献通考》,即《清朝文献通考》,原称《皇朝文献通考》,清朝亡后通用此名。清朝乾隆年间官修,刘墉、嵇璜等主持,共三百卷。初与《续文献通考》共为一编,其后别自为书。内容上起清初开国(公元 1616 年),下至乾隆五十年(公元 1785 年),记载了这一百七十年间的典制。体例与《续文献通考》相同,在马端临二十四门之外,增群社、群庙两门,共二十六门。子目中增加了一些新的内容,例如田赋增加八旗田制、户口增加八旗壮丁、学校增加八旗官学、封建增加蒙古王公等项,都是前代所无而清代特有的,对于研究清史有一定的参考价值。子目中又删去清代所无的事项,如均输、和买、私籴、童子科和车战等。

四、《清续文献通考》:上接《清文献通考》

《清续文献通考》,四百卷,近人刘锦藻撰。原名《皇朝续文献通考》。内容上继乾隆年间修成的《清文献通考》,起于乾隆五十一年(公元 1786 年),止于宣统三年(公元 1911 年)。撰者在清末为侍

---

① 王圻撰《续文献通考》成书于明万历二十四年(公元 1586 年),二百五十四卷,是《文献通考》的续编,体例增节义、谥法、六书、道统、氏族、方外六门。此书有关明代的典章制度,叙述实较为详细。

读学士,曾于光绪末年纂成一编,所载讫光绪三十年(公元 1904
年);民国以后,复增辑光绪三十一年至宣统三年部分,而成此书。
分为三十门,除依《清文献通考》二十六门之外,新增外交、邮传、实
业、宪政四门,以适应道光、咸丰以后的新形势。子目也多所变更,
例如《征榷考》增加厘金、洋药,《国用考》增加银行、海运,《选举考》
增加赀选,《学校考》增加书院、图书、学堂,《王礼考》增加归政、训
政、亲政、典学,《兵考》增加陆军、海军、长江水师、船政等项目。
《清续文献通考》继"清三通"之后编成,也是一部很有价值的历史
资料。

第十章　杜佑与《通典》：
第一部典制通史

第一节　杜佑生平和撰写《通典》经过

唐代杜佑所撰的《通典》，是中国第一部专门论述历代典章制度沿革的通史，确立了与纪传、编年并立的"政书"体裁。

杜佑（公元 735—821 年），字君卿，京兆万年（今陕西长安）人。出身官宦之家，历任江淮青苗使、水陆转运使、户部侍郎判度支、度支盐铁使等财政职务，以及抚州、苏州刺史及岭南、淮南节度使等职，后官至司徒、同平章事，即是宰相地位。他涉猎古今，以富国安民为己任，熟悉经济、政治等典章制度，对唐代经济、政治等方面的弊病也有所了解，并企图加以改革。

开元末年，大史学家刘知幾之子刘秩仿《周礼》六官之法，采经史百家之言，分类诠次，著《政典》三十五卷，大为时贤称赏。杜佑以此书条目未尽，于是广泛搜集资料，参考前代书志体例，撰成《通典》。他从代宗大历元年（公元 766 年）开始撰写，至德宗贞元十七年（公元 801 年）完成，前后用了三十六年的时间。杜佑另著有《理道要诀》十卷、《管氏指略》二卷、《宾佐记》一卷，事迹见《旧唐书》及《新唐书》本传。

第二节　《通典》的内容和体裁

《通典》所载，上起传说中的黄帝，下讫唐玄宗天宝末年，综合各代；而于唐代叙述尤详，内容约占全书四分之一以上。至于唐肃宗、代宗以后的变革，有时也附在注中加以记述。今本《通典》共二百卷，分为九门，即食货、选举、职官、礼、乐、兵、刑、州郡、边防；①各门再分为若干子目，共一千五百余条。（表 15）

表 15　《通典》内容概略

门类	卷数	篇目举例
（1）《食货典》	12	《田制》《赋税》等。
（2）《选举典》	6	《历代选举、考绩制》等。
（3）《职官典》	22	《历代官制要略》《宰相》等。
（4）《礼典》	100	《历代沿革礼》《开元礼》等。
（5）《乐典》	7	《历代沿革》《权量》等。
（6）《兵典》	15	《叙兵》《料敌制胜》等。
（7）《刑典》	8	《刑制》《守正赦宥》等。
（8）《州郡典》	14	《序目》《古梁州》等。
（9）《边防典》	16	《东夷》《南蛮》等。

书中对于每种制度，都能综贯古今，溯源明流，通其原委，极有

---

①　《通典·总叙》把《兵典》合于《刑典》之中而为八门，实则仍是兵、刑分列，故《旧唐书》《杜佑传》载杜佑进《通典表》称"凡九门"。似以分九门为宜。

条理。而且用说、议、评、论的方式，提出自己的见解和主张。① 不仅保存了大量有关历代典章制度的重要史料，成为考据唐代以前掌故的"渊海"，而且为编写制度通史开创了先例。这种体例虽来源于纪传体史书的书志，却超过了以人物纪传为叙史中心的范围，发展成为专记经济、政治等方面的典章制度的文化专史。

《通典》内容的编纂次序，和以前纪传体史书中的"志"有很大不同。如《史记》八书，礼乐居首，律历次之，平准第八；《汉书》十志，律历居首，礼乐次之，食货第四。杜佑认为"夫道理之先，在乎行教化；教化之本，在乎足衣食。"因此《通典》把叙述封建社会经济结构的《食货典》列为首位，其中又以历代土地关系变革的"田制"为先。这种叙述的次序，是前所未有的。把农业生产作为政治与文化发展的基础，在当时有进步的意义。《通典》又不载天文、五行等与政治、经济没有直接关系的事情，也是高明之处。

第三节　《通典》的评价

《通典》成书以后，"大传于时"，对后代影响极为深远，历来的评价是很高的。它在史书编纂和史学思想两方面，都有许多优点，具体表现于下列几项：

第一，创立史书编纂的新体裁。自从《史记》创立八书之后，纪传体史书大都列有书志一门，记载典章制度的演变；但各史断代为

---

① 《通典》卷四十二"郊天"注云："凡义有经典文字其理深奥者，则于其后说之以发明，皆云说曰；凡义有先儒各执其理，并有通据而未明者，则议之，皆云议曰；凡先儒各执其义，所引据有优劣者则评之，皆云评曰；他皆同此。"

书，无法照应典章制度因续的关系，统括历代史志便成为一种需要。《史通》综合有关资料，分门别类，竟委穷源，收会通之效，为史书开辟了新途径，后来马端临的《文献通考》等巨著，都是沿袭《通典》的体例而编成的。

第二，发展史书自注的方法。《通典》以前，史书自注者少，他注的多。杜佑特别注意到子注的运用，其注本大致分为释音义、举故典、补史事、明互见、考史料五类，不但可补正文的不足，而且说明材料的出处，既便于读者查考，也表现了作者谨严的治学精神。这种方法对后世影响很大，司马光作《资治通鉴》，别为考异一书，可以说是这方法的继承和发展。

第三，保存古代的珍贵史料。《通典》引书至少二百余种，又作了系统的整理。书中对唐代的记载特别详明，而且取材于当代有关诏诰文书、臣僚奏议、行政法规、政令措施以及账册、大事记、私人著述等，大多是第一手的资料，具有较高的史料价值。而且《通典》征引的典籍不少已经失传，故辑佚家一向对《通典》都很重视。①

第四，发挥进步的史学思想。杜佑先谓著书目的在于"经世""致治"，②《通典》多处表现出历史进化的观点，认为上古朴质少事，固然很好，但多鄙风弊俗，不如后世文明，不应"非今是古"；何况历史是不断变化的，"古今既异，形势亦殊"，如"欲行古道，势莫能遵"，应该适应客观形势的发展，"随时立制，遇事变通"。这些都是究心于现实政治而反映出来的进步思想。

但是，杜佑从维护封建礼教的观点出发，以全书过半的篇幅记

---

① 参陈光崇《杜佑在史学上的贡献》，《中国史学史论集》（二），页193—195。
② 《通典·总序》："所纂《通典》，实杂群言，征诸人事，将施有政。"

述礼、乐,《礼典》达百卷之多,冗累烦琐,殊属不当。又如《兵典》只记兵法,甚至连一些荒谬的传说也备载无遗,兵制沿革反而很少涉及,为例不纯,为后世史家所责难。这些都是《通典》一书的缺点,不过,都是较为次要的。

第十一章　司马光与《资治通鉴》：
第一部编年体通史

第一节　司马光生平和《资治通鉴》成书经过

北宋司马光撰《资治通鉴》（一般简称《通鉴》），是中国第一部编年体通史，专详历代治乱兴衰，实为《史记》以后的一大巨著，因此后人常把司马迁和司马光并称为史学界"两司马"。

司马光（公元 1019—1086 年），陕州夏县（今山西夏县）涑水乡人。字君实，号迂叟，世称涑水先生。宝元年间进士，授奉礼郎，迁苏州官事；累迁天章阁侍制兼侍讲，知谏院；英宗时，进龙图阁学士。神宗即位，擢翰林学士。他是反对王安石推行新法的旧党领袖，由于政见不合，乃求外任。熙宁三年（公元 1070 年），以端明殿学士知永兴军（今陕西西安）。次年，改判西京御史台。从此住在洛阳，六任冗官，皆以书局自随，专意编修《资治通鉴》。元丰七年（公元 1084 年）书成奏上，迁资政殿学士。

哲宗即位，召为门下侍郎，进尚书左仆射，任相年余，尽罢新法。卒赠太师、温国公，谥文正。简称司马温公。学识渊博，史学之外,音乐、律历、天文、书数无所不通,但不喜释老之学。著有《稽古录》《涑水纪闻》《潜虚》等。《宋史》有传。

司马光早年曾撰《通志》八卷,于治平三年(公元1066年)进呈英宗,颇受赏识。命他续修,改称《历代君臣事迹》,且正式成立史局,并得到自选助手、借阅宫廷秘阁所藏图书以及朝廷供给纸笔等优厚待遇。神宗初立,听司马光进读其书,认为"鉴于往事,有资于治道",因赐名《资治通鉴》,并预赐序文,准备于书成之日写入。司马光编撰此书的目的,事实上也是为了"人主周览"。[①]直至神宗元丰七年(公元1084年),全书始告完成,历时十九年之久。

司马光在编撰本书时,曾邀集了当时著名的史学家为主要助手,古代至两汉部分由刘攽起草,三国至隋代部分由刘恕起草,唐代及五代部分由范祖禹起草,编纂工作大体分三阶段进行:首先,是把史料摘录下来,按年代顺序,排列成"丛目";其次,是将"丛目"加以鉴别选择,酌情去取,连成"长编"(初稿);最后,是考订"长编",删繁就简,润色文字,方成为定稿。

前两个阶段大半都由刘恕、刘攽和范祖禹三人负责,最后阶段则由司马光总其成。司马光为编撰此书付出了巨大努力,从发凡起例到删削定稿,他都亲自动笔,态度非常严谨,一丝不苟。自课三日删一卷,有事故延误则补之;初删完毕,再加细删,往往一件史事,用三四出处纂成。该书唐纪长编原有六七百卷,经他删削后,仅存八十一卷。本书在洛阳的残稿,堆满两屋。司马光曾在进《资

---

① 司马光在《进通鉴表》里对此书的宗旨有明白的交代:"迁固以来,文字繁多,自布衣之士,读之不徧,况人主日省万机,何暇周览?臣常不自揆,欲删削冗长,举撮机要,专取关国家盛衰,系生民休戚,善可为法,恶可为戒者,为编年一书。"

治通鉴表》中说"研精极虑，穷竭所有，日力不足，继之以夜""臣之精力，尽于此书"。

第二节　《资治通鉴》的内容和体例

《资治通鉴》上起周威烈王二十三年（公元前 403 年）韩、赵、魏三家分晋，下至后周世宗显德六年（公元 959 年），记载了从战国到五代末年，共一千三百六十二年的历史。

此书计有二百九十四卷，按朝代分为《周纪》《秦纪》《汉纪》等十六纪；其中《唐纪》所占篇幅最多，凡八十一卷。由于采取历史的正统观念，所以有下列的编排：（一）三国时期只有《魏纪》，蜀、吴均无纪；（二）南北朝时期只有南朝的《宋纪》《齐纪》《梁纪》《陈纪》，北朝的北魏、北齐、北周无纪；（三）五代十国时期只有《后梁纪》《后唐纪》《后晋纪》《后汉纪》《后周纪》，而没有十国的纪。（表 16）

表 16　《资治通鉴》的篇目和卷数

篇目	卷数	篇目	卷数
（1）《周纪》	5 卷	（9）《陈纪》	10 卷
（2）《秦纪》	3 卷	（10）《隋纪》	8 卷
（3）《汉纪》	60 卷	（11）《唐纪》	81 卷
（4）《魏纪》	10 卷	（12）《后梁纪》	6 卷
（5）《晋纪》	10 卷	（13）《后唐纪》	8 卷
（6）《宋纪》	16 卷	（14）《后晋纪》	6 卷

篇目	卷数	篇目	卷数
(7)《齐纪》	10 卷	(15)《后汉纪》	4 卷
(8)《梁纪》	22 卷	(16)《后周纪》	5 卷
			合计:294 卷

《资治通鉴》的体例采用《左传》的形式,按照年、时、月、日的次序记事。年、月以数为先后,时分春、夏、秋、冬,日以干支;时间不甚分明者,则概括地记在年终或月末。

此书又常用追叙或附叙形式,减少史实分散和割裂的现象。在叙述史事之外,且有分析,有详论。引自他人的,皆着其名,如"班固论曰""袁宏论曰"等,本人之语则用"臣光曰"。

第三节　《资治通鉴》的评价

《资治通鉴》是一部优秀的历史巨著,具有很多特点和长处。

第一,从编纂方法说:(一) 充分发挥了分工合作的集体编著精神。此书虽资众手,但斟酌去取完全由司马光裁决,所以如出一人,甚少自相矛盾之处。(二) 采用由粗到精、由繁到简的严谨方法。先写长编,详细罗列材料,然后再精心简约,其叙事真确性和史料可靠性,在许多"正史"之上。

第二,从体例上说:(一) 建立了编年体通史的规模。此书以编年为体,年经事纬,时间概念极为清楚;而且把断代编年改为通史编年,成为后世编撰史书的一个典范。(二) 改善了编年体的组织。此书吸收了纪传体在写作方面的一些优点,每遇重大历史事件,必交代其前因后果，同一史事的材料，不再分见于多处，从而避免了一般编年体史书的弊病，如材料零碎，不相联接等。

第三，从史料方面说：（一）取材丰富，而且考证精详。本书所依据的材料，仅"正史"一项就有十九种，计一千五百万文以上；此外，还参考了杂史达三百二十二种之多。① 《资治通鉴》中不少资料，今日在别处是看不到的。（二）史料价值很高。由于《资治通鉴》考证精详，所以史料的真实性和系统性超过很多"正史"。

第四，从内容方面说：（一）书中对历代政治、军事有比较详细的记载，有时甚至比"正史"还要完备和生动；对于一些经济制度的变革、河道水利的兴修、人民生活的状况等，也有所反映。（二）本书对历史上的符瑞、灾疫和荒诞无稽的传说，几乎不加记载，从而减少了过去常见于史书上的迷信色彩。

第五，从文字方面说：（一）此书本来是对古史的重新编整，其内容因出于《史记》《汉书》诸史，无一语无所本，但又无一处完全是袭取，且有深入浅出之妙。② 这一原则贯彻全书，语文的通俗性，使读者称便。（二）本书行文生动优美，结构严谨，长于叙事。例如书中对赤壁之战、淝水之战的记述，周详完备，有声有色，成为脍炙人口的优秀文学作品。

不过，《资治通鉴》也存在着一些缺点。首先，立场和观点方面，由于司马光在政治上持保守态度，他编写《资治通鉴》也有这种用意，希望通过历史著述来影响当时的最高统治者，以反对王安石

---

① 据《四库全书总目提要》。另一说为二百二十二种。
② 朱熹《朱子语类》："《通鉴》文字有自改易者，仍皆不用《汉书》上古字，皆以今文代之。"

变法。所以在他所撰写的史评中，强调纲纪名分，宣扬所谓"礼治"的道德决定论；又提倡维持现状，反对任何改革。① 而且，《资治通鉴》是奉敕编纂的，正统观念明显贯彻全书，也给此书的思想内容带来了一些缺陷。②

其次，编纂体例方面，《资治通鉴》的纪年方法就有可议之处。中国自汉武帝以后，每个皇帝都建元立号，在统一时代问题不大，一到分裂时期，采用哪个年号纪年就牵涉到正统的问题。如三国鼎立，《资治通鉴》只取曹魏的年号来纪年；南北朝则全用南朝年号，不但北朝事情用南朝纪年，在隋文帝开皇九年以前的事情都记在陈的年号下；既不合事实，也不方便。

此外，如一年中有先后两个交替的时间，一年有两三个年号，《资治通鉴》都只用后改的一个年号；例如武则天天授三年（公元692年），四月改元如意，九月改元长寿，《资治通鉴》只记长寿元年。就编书的人来说，体例划一可省掉许多麻烦；对读者来说，则增加了不少混乱和不便。

第四节　有关《资治通鉴》的著作

司马光自知《资治通鉴》卷帙繁富，阅读不易，因而另撰两种互

---

① 元代胡三省指出反对王安石推行新法，是司马光编撰《通鉴》的次要目的。《资治通鉴音注·序》："治平、熙宁间，公者与诸人议国事相是非之日也。萧、曹画一之辩不足以胜变法之口。分司西京，不豫国论，专以书局为事。其忠愤感慨不能自己于言者，则智伯才德之论，樊英名实之说，唐太宗君臣之议乐，李德裕、牛僧孺争维州事之类是也。"司马光在《资治通鉴》的史评中，发挥了维持旧法、反对新法的见解。

② 《资治通鉴》中记了不少农民受官吏残酷剥削、不能生活下去的情形；但当农民起来反抗时，《资治通鉴》就把他们称为"贼"和"寇"。

相配合的著作,同时奏上:(一)《资治通鉴目录》三十卷,提挈全书
纲领,以备检览;(二)《通鉴考异》三十卷,阐明对资料取舍的原因,
可以看到司马光考证谨严的手法。《考异》中保存了大量现已亡佚
的材料,甚为珍贵。

《资治通鉴》的注本原有几种,如:(一)北宋刘安世曾作《音义》
十卷,现已失传;(二)南宋史照又作《通鉴释文》三十卷,简略粗疏;
(三)宋末元初胡三省撰《资治通鉴音注》,最为精详,与《三国志》裴
松之注齐名。

胡三省(公元1230—1302年),字身之,浙江天台人,宋理宗宝
祐年间进士,曾任寿春府府学教授等职。宋亡,坚决不仕,隐居山
中,从事著述。至元二十二年(公元1285年),完成《资治通鉴音注》
二百九十四卷。此书用了三十年的时间,对《资治通鉴》一一作了
校勘、解释、考证,对《通鉴释文》也作了辨误,并联系时事,发表评
论。他的学问集中灌注于注文之中,名物、训诂以及地理等各方面
都很精当,不但显示了勤谨治学的精神,而且反映出他是一个富有
民族气节的学者。

另外,清初严衍著《资治通鉴补正》,为《资治通鉴》拾遗补阙,
勘正错误,也有一定的参考价值。

第五节　《资治通鉴》的续编

《资治通鉴》问世以后,对史学界影响很大,不少史学家争相仿
效,从而出现了一些《资治通鉴》的续编:

(一)《续资治通鉴长编》——南宋李焘撰。原书久佚,清朝乾

隆时从《永乐大典》中录出，共有五百二十卷。此书沿《资治通鉴》
体例，是北宋一代的编年史。历时四十余年而成，材料丰富，其中
颇多早已佚失，因此是研究宋史必读之书。

（二）《建炎以来系年要录》——南宋李心传撰。此书述宋高宗
一朝三十六年事迹，仿《资治通鉴》之例，编年系目，与李焘《长编》
相续。原书早已散佚，今本也是清朝乾隆时辑自《永乐大典》，凡二
百卷；材料甚丰，亦为研究宋史所必读。

（三）《资治通鉴后编》——清初徐乾学撰，一百八十四卷。内
容起自宋太祖，而讫于元顺帝；但因许多宋人著作当时尚未辑出，
有些地方很简略，于校勘补遗则用力颇深，尤精于舆地。

（四）《续资治通鉴》——清朝毕沅撰，二百二十卷，是宋、辽、
金、元的编年史。此书就徐乾学撰《资治通鉴后编》一书加以增减，
历时二十年而成。后世以为此书出而诸家所续《资治通鉴》可废，
故与司马光书合刻，称为《正续资治通鉴》。此书叙事详而不芜，而
与《资治通鉴后编》不同之处，是对史实据事直书，不加评论。

（五）《明纪》——清朝陈鹤撰，六十卷，后八卷由其孙陈克家续
成。主要取材于《明史》及《明史稿》，是明朝的编年史。议论多采
前人名言，并作考略；颇便查检，但内容过于简略。

（六）《明通鉴》——清朝夏燮撰，正编九十卷，另有前编四卷、
附编六卷。体例与《明纪》相同，内容较为详备，网罗亦较广，保存
了丰富的史料。但有轻信野史之处，而议论则采自清代官书。

总括而言，《续资治通鉴长编》和《建炎以来系年要录》是关于
北宋历史的资料宝库；关于宋元历史的编年体著作，以《资治通鉴
后编》较胜一筹。《续资治通鉴》在前人基础上纂辑增补，取得后来

居上的可观成就。明末清初谈迁的《国榷》是明代编年史，因在清代被列为禁书而有散失；《明纪》过简，《明通鉴》较为适中。在纪传体正史之外，《资治通鉴》及其续编逐渐形成一套贯通古今的编年史，自成一个独立的体系，在史学界的影响是很巨大的。

赤 壁 之 战

初，鲁肃闻刘表卒，言于孙权曰："荆州与国邻接，江山险固，沃野万里，士民殷富，若据而有之，此帝王之资也。今刘表新亡，二子不协，军中诸将，各有彼此。刘备天下枭雄，与操有隙，寄寓于表，表恶其能而不能用也。若备与彼协心，上下齐同，则宜抚安，与结盟好；如有离违，宜别图之，以济大事。肃请得奉命吊表二子，并慰劳其军中用事者，及说备使抚表众，同心一意，共治曹操，备必喜而从命。如其克谐，天下可定也。今不速往，恐为操所先。"权即遣肃行。

到夏口，闻操已向荆州，晨夜兼道，比至南郡，而琮已降，备南走，肃径迎之，与备会于当阳长坂。肃宣权旨，论天下事势，致殷勤之意。且问备曰："豫州今欲何至？"备曰："与苍梧太守吴巨有旧，欲往投之。"肃曰："孙讨虏聪明仁惠，敬贤礼士，江表英豪，咸归附之，已据有六郡，兵精粮多，足以立事。今为君计，莫若遣腹心自结于东，以共济世业，而欲投吴巨；巨是凡人，偏在远郡，行将为人所并，岂足托乎！"备甚悦。肃又谓诸葛亮曰："我，子瑜友也。"即共定交。子瑜者，亮兄瑾也，避乱江东，为孙权长史。备用肃计，进住鄂县之樊口。

曹操自江陵将顺江东下。诸葛亮谓刘备曰："事急矣，请奉命求救于孙将军。"遂与鲁肃俱诣孙权。亮见权于柴桑，说权曰："海内大乱，将军起兵江东，刘豫州收众汉南，与曹操共争天下。今操芟夷大难,略已平矣,遂破州,威震四海。英雄无用武之地,故豫州遁逃至此,愿将军量力而处之! 若能以吴、越之众与中国抗衡,不如早与之绝;若不能,何不按兵束甲,北面而事之! 今将军外托服从之名而内怀犹豫之计,事急而不断,祸至无日矣。"权曰:"苟如君言,刘豫州何不遂事之乎?"亮曰:"田横,齐之壮士耳,犹守义不辱;况刘豫州王室之胄,英才盖世,众士慕仰,若水之归海。若事之不济,此乃天也,安能复为之下乎!"权勃然曰:"吾不能举全吴之地,十万之众,受制于人。吾计决矣! 非刘豫州莫可以当曹操者;然豫州新败之后,安能抗此难乎?"亮曰:"豫州军虽败于长坂,今战士还者及关羽水军精甲万人,刘琦合江夏战士亦不下万人。曹操之众,远来疲敝,闻追豫州,轻骑一日一夜行三百余里,此所谓'强弩之末势不能穿鲁缟'者也。故《兵法》忌之,曰'必蹶上将军'。且北方之人,不习水战;又,荆州之民附操者,偪兵势耳,非心服也。今将军诚能命猛将统兵数万,与豫州协规同力,破操军必矣。操军破,必北还;如此,则、吴之势强,鼎足之形成矣。成败之机,在于今日!"权大悦,与其群下谋之。

是时,曹操遗权书曰:"近者奉辞伐罪。旌麾南指,刘琮束手。今治水军八十万众,方与将军会猎于吴。"权以示臣下,莫不响震失色。长史张昭等曰:"曹公,豺虎也,挟天子以征四方,动以朝为辞;今日拒之,事更不顺。且将军大势可以拒操者,长江也;今操得荆州,奄有其地,刘表治水军,蒙冲斗舰乃以千数,操悉浮以沿江,兼有步兵,水陆俱下,此为长江之险已与我共之矣,而势力众寡又不可论。愚谓大计不如迎之。"鲁肃独不言。权起更衣,肃追于宇下。权知其意,执肃手曰:"卿欲何言?"肃曰:"向察众人之议,专欲误将军,不足与图大事。今肃可迎操耳,如将军不可也。何以言之?今肃迎操,操当以肃还付乡党,品其名位,犹不失下曹从事,乘犊车,从吏卒,交游士林,累官故不失州郡也。将军迎操,欲安所归乎?愿早定大计,莫用众人之议也!"权叹息曰:"诸人持议,甚失孤望。今卿廓开大计,正与孤同。"

时周瑜受使至番阳,肃劝权召瑜还。瑜至,谓权曰:"操虽托名汉相,其实汉贼也。将军以神武雄才,兼仗父兄之烈,割据江东,地方数千里,兵精足用,英雄乐业,当横行天下,为汉家除残去秽;况操自送死,而可迎之邪!请为将军筹之:今北土未平,马超、韩遂尚在关西,为操后患;而操舍鞍马,仗舟楫,与吴、越争衡。今又盛寒,马无藁草,驱中国士众远涉江湖之间,不习水土,必生疾病。此数者用兵之患也,而操皆冒行之,将军禽操,宜在今日。瑜请得精兵数万人,进住夏口,保为将军破之!"权曰:"老贼欲废汉自立久矣,徒忌二袁、吕布、刘表与孤耳;今数雄已灭,惟孤尚存。孤与老贼势不两立,君言当击,甚与孤合,此天以君授孤也。"因拔刀斫前奏案曰:"诸将吏敢复有言当迎操者,与此案同!"乃罢会。

是夜,瑜复见权曰:"诸人徒见操书言水步八十万而各恐慑,不复料其虚实,便开此议,甚无谓也。今以实校之,彼所将中国人不过十五六万,且已久疲;所得表众亦极七八万耳,尚怀狐疑。夫以疲病之卒御狐疑之众,众数虽多,甚未足畏。瑜得精兵五万,自足制之,愿将军勿虑!"权抚其背曰:"公瑾,卿言至此,甚合孤心。子布、元表诸人,各顾妻子,挟持私虑,深失所望;独卿与子敬与孤同耳,此天以卿二人赞孤也。五万兵难卒合,已选三万人,船粮战具俱办。卿与子敬、程公便在前发,孤当续发人众,多载资粮,为卿后援。卿能办之者诚决，邂逅不如意，便还就孤，孤当与孟德决之。"遂以周瑜、程普为左右督，将兵与备并力逆操；以鲁肃为赞军校尉，助画方略。

刘备在樊口，日遣逻吏于水次候望权军。吏望见瑜船，驰往白备，备遣人慰劳之。瑜曰："有军任，不可得委署；傥能屈威，诚副其所望。"备乃乘单舸往见瑜曰："今拒曹公，深为得计。战卒有几？"瑜曰："三万人。"备曰："恨少。"瑜曰："此自足用，豫州但观瑜破之。"备欲呼鲁肃等共会语，瑜曰："受命不得妄委署；若欲见子敬，可别过之。"备深愧喜。

进，与操遇于赤壁。

时操军众，已有疾疫。初一交战，操军不利，引次江北。瑜等在南岸，瑜部将黄盖曰："今寇众我寡，难与持久。操军方连船舰，首尾相接，可烧而走也。"乃取蒙冲斗舰十艘，载燥荻、枯柴，灌油其中，裹以帷幕，上建旌旗，豫备走舸，系于其尾。先以书遗操，诈云欲降。时东南风急，盖以十舰最着前，中江举帆，余船以次俱进。操军吏士皆出营立观，指言盖降。去北军二里余，同时发火，火烈风猛，船往如箭，烧尽北船，延及岸上营落。顷之，烟炎张天，人马烧溺死者甚众。瑜等率轻锐继其后，雷鼓大震，北军大坏。操引军从华容道步走，遇泥泞，道不通，天又大风，悉使羸兵负草填之，骑乃得过。羸兵为人马所蹈藉，陷泥中，死者甚众。刘备、周瑜水陆并进，追操至南郡。时操军兼以饥疫，死者太半。操乃留征南将军曹仁、横野将军徐晃守江陵，折冲将军乐进守襄阳，引军北还。

（《资治通鉴》卷六十五）

第十二章　郑樵与《通志》：综合历代史料的通史

第一节　郑樵生平和《通志》成书经过

《通志》二百卷，南宋郑樵撰，是综合历代史料而成的通史。此书虽与《通典》《文献通考》并称"三通"，列为典制通史类，实则与二书专录典章制度不同；但"二十略"是全书精华所在，可与二书媲美。

郑樵（公元 1103—1162 年），①字渔仲，南宋兴化军莆田（今福建莆田）人。青年时不应科举，十六岁起即谢绝人事，在夹漈山刻苦读书近三十年，时人称为夹漈先生。除著述、讲学外，还四出访书，遇藏书家必借住，读尽乃去。② 他的治学态度十分严谨，注重实际调查研究，广游名山大川，很有司马迁的作风。精通经史、礼乐、

① 关于郑樵的生年，记载稍有出入，一说在北宋徽宗崇宁二年（公元 1103 年），一说在翌岁崇宁三年（公元 1104 年）；卒年一般说在南宋高宗绍兴三十二年（公元 1162 年），也有说在前一年的。

② 郑樵《上宰相书》说："三十年著书，十年搜访图书。"《报宇文枢密书》说："闻人家有书，直造其门求读，不问其容否，读已则罢，去住曾不吝情。"

文字、音韵，于天文、地理、草木、虫鱼等等都有心得，是一位学识渊博的史学家。

郑樵在绍兴十九年（公元 1149 年）携所著书多种至临安，上于朝廷，高宗诏藏于秘府。数年后（绍兴二十七年；公元 1157 年），由于侍讲王纶、贺允中的推荐，得高宗召见，授以右迪功郎、礼兵部架阁的名义，但为御史所劾，改监潭州南岳庙；此后埋头整理旧籍，贯串历代，著为《通志》，于绍兴三十一年（公元 1161 年）进献，被任为枢密院编修官，不久去世。事迹见《宋史·儒林传》。

郑樵的著作很丰富，达八十四种之多；但流传至今的，除代表作《通志》外，只有《夹漈遗稿》《尔雅注》《诗辨妄》《六经奥论》及一些零散的文章而已。

第二节 《通志》的内容与史学观点

《通志》仿《史记》五体，又本《晋书》为"载记"，而改"表"为"谱"，改"书"为"略"。计有本纪十八卷、世家三卷、列传一百零八卷、载记八卷、四夷传七卷、谱四卷、略五十二卷，共二百卷。记事大抵上起三皇，下讫隋唐；其中本纪从三皇到隋，列传从周到隋，二十略则从远古到唐。（表 17）

表 17 《通志》内容概略

类别	卷数	卷目举例
（1）本纪	18	《三皇纪》《五帝纪》《三王纪》等。
（2）世家	3	《周同姓世家》《周异姓世家》。

（续表）

类别	卷数	卷目举例
（3）列传	108	《后妃传》《宗室传》《外戚传》等。
（4）载记	8	《前凉、前赵载记》《后赵、魏载记》等。
（5）四夷传	7	《东夷传》《西戎传》《南蛮传》《北狄传》。
（6）年谱	4	《世谱、年谱》。
（7）略	52	《氏族略》《六书略》《七音略》等。

此书卷帙浩繁，但主要是汇集前史，沿用旧文损益而成，新意不多。全书的精华是二十略，分门别类记载历代典章制度、学术文化，逐一阐述其源流演变，并提出不少新的见解。《礼略》《职官略》《选举略》《刑法略》《食货略》节录《通典》；其余十五略则为郑氏多年搜讨、独出心裁之作，取材广泛，内容丰富。如《氏族略》记载各个氏族的由来，《都邑略》述说历代建都地点的位置、形胜及其得失，《校雠略》阐明整理图书、辨章学术的方法，《图谱略》指出图表与书籍的相互参补作用，《金石略》扩大史料研究的范围，《六书略》《七音略》开启文字、音韵之学的新途径，《昆虫草木略》搜求各种方言汇释草木虫鱼的名称。① （表18）

表 18 《通志》二十略篇目与卷数

篇目	卷数	篇目	卷数
（1）《氏族略》	6 卷	（11）《职官略》*	7 卷
（2）《六书略》	5 卷	（12）《选举略》*	2 卷

① 《氏族》《都邑》《昆虫草木》三略，其源本于《史通·书志篇》。刘知幾对历代史书设志日多颇不以为然，认为"可以为志者，其通有三焉，一曰都邑志，二曰氏族志，三曰方物志"。《通志》中的《昆虫草木略》即《史通》所谓"方物"。至于《六书》《七音》二略则本于小学。

（续表）

篇目	卷数	篇目	卷数
(3)《七音略》	2卷	(13)《刑法略》*	1卷
(4)《天文略》	2卷	(14)《食货略》*	2卷
(5)《地理略》	1卷	(15)《艺文略》	8卷
(6)《都邑略》	1卷	(16)《校雠略》	1卷
(7)《礼略》*	4卷	(17)《图谱略》	1卷
(8)《谥略》	1卷	(18)《金石略》	1卷
(9)《器服略》	2卷	(19)《灾祥略》	1卷
(10)《乐略》	2卷	(20)《昆虫草木略》	2卷
* 内容节录自《通典》。			合计:200卷

《通志》所反映的史学思想,较为突出的一点是强调编写史书必须贯彻"会通"的原则,以极古今之变。郑樵主张写通史,反对写断代史。书中对《史记》倍加推崇,说它能会通古今;而对《汉书》以下的断代史则多加贬抑,指责它们失去会通之道。其实通史与断代史各有利弊,互相补充,未可偏废,郑氏此说,不尽允当。不过他能注意到历史的联系,这对史家修史是有启发性的。

郑樵认为研究学问要实事求是,所以他很重视实际知识和文物、图谱。《通志》中还发扬了刘知幾的批判精神,敢于对占统治地位的学术思想进行批判。反对阴阳五行灾祥说,称阴阳五行为"妖学"或"欺天之学",指出"国不可以灾祥论兴衰""家不可以变怪论休咎"。他还认为史家的责任在于真实地记载历史,因而反对修史时任意褒贬的作风,并指责这种做法是"妄学"或"欺人之学"。郑樵的这些主张,表现了他的进步史学思想。

第三节 《通志》的评价

《通志》共有五百多万字,内容繁杂;而二十略贯通各史,扩大史学研究的范围,最为后世所重视。其中《艺文略》是一部宋代以前的图书分类目录,分为十二类、百家、四百三十二种,突破了传统的四部分类的束缚,建立了比较健全的三级分类法,在中国目录学史上是一个进步;《氏族略》和《都邑略》等都很有用处,《昆虫草木略》更为其他史书所无。后世对《通志》多所批评,而对二十略则加以赞扬,《四库全书总目提要》认为"采摭既已浩博,议论亦多警辟,虽纯驳互见,而瑕不掩瑜,究非游谈无根者可及"。评价大抵是允当的。

但《通志》中节录《通典》的五略,仅止于唐朝天宝年间,而不补述以后的部分,学者也有批评。[①]

至于纪传部分的内容,大多抄录、删改旧史,糟粕也较多,但因郑樵在取舍史料时,注意选择,且能融会贯通,自成体系,故亦有一定的参考价值。

后世对《通志》推崇最高的,是清代史学家章学诚,他指出郑樵"盖承通史家风,而自为经纬,成一家言者也"。[②] 以一人之力,而能完成这样一部比较有系统的史学巨著,确非易事,粗疏漏失之处,自然是难免的。仿《通志》体例而续编的史书,主要有两部,一是《续通志》,一是《清通志》。

---

① 马端临《文献通考》说:"礼及职官、选举、刑法、食货五者,古今经制甚繁,沿革不一。故杜岐公《通典》五者居十之八。然杜公生贞元间,故其所记述止于唐天宝。今《通志》自为一书,则天宝而后,宋中兴以前,皆当陆续铨次,如班固汉志续《史记》武帝以后可也。今《通志》此五略,天宝以前,则写《通典》全文,略无增损;天宝以后,则竟不复陆续。"

② 《文史通义·申郑》。

第十三章 袁枢与《通鉴纪事本末》：
创纪事本末体

第一节 《通鉴纪事本末》的成书经过

《通鉴纪事本末》四十卷,南宋袁枢编撰,是中国第一部纪事本末体史书。袁枢(公元 1131—1205 年),字机仲,建州建安(今福建建瓯)人。宋孝宗初,试礼部词赋第一,后为礼部试官。乾道九年(公元 1173 年)出为严州教授,《通鉴纪事本末》即编成于此时。孝宗读而嘉叹,迁太府丞兼国史院编修官。累迁工部侍郎兼国子监祭酒、知江陵府等职。为人守正不阿,自称:"吾为史官,书法不隐;宁负乡人,不可负天下后世公议!"

袁枢编纂《通鉴纪事本末》,主要是为了解决阅读《资治通鉴》的困难,方便检寻和帮助记忆。因为《资治通鉴》是一部编年史,一件延续多年的事件,只能分开每年记述,必须翻阅几卷才能了解事件全貌,很不方便。"枢尝喜诵司马光《资治通鉴》,苦其浩博,乃区其事而贯通之，号《通鉴纪事本末》。"①即是说，以事件为中心，把分散的事集中起来，仍按《通鉴》的原来年次，抄上原文和司马光的论；袁枢只是标上题目，自己不加一句话。看来容易，其实需要相当的功力，因为首先要熟悉《通鉴》的内容，而发凡起例更须具备史学见识。袁枢编纂此书大约只用了两年的时间，但应相信这是他多年熟读《通鉴》的成果。②

第二节　《通鉴纪事本末》的内容编排

《通鉴纪事本末》的内容始于三家分晋，终于周世宗征淮南，总括了战国至五代长达一千三百六十余年史事，凡四十二卷（每卷又多分上下，合子卷共为八十二卷），并分为二百三十九目，连同附录的六十六事，总共记了三百零五件大小事情。（表 19）

表 19　《通鉴纪事本末》内容概略

时期	篇目举例	篇目数目
（1）战国及秦	《三家分晋》《秦并六国》《豪杰亡秦》	3
（2）两汉时期	《高帝灭楚》至《袁绍讨公孙》等	43
（3）魏晋时期	《曹氏篡汉》至《魏灭仇池》等	62
（4）南北朝时期	《刘裕篡晋》至《隋灭陈》等	43
（5）隋唐时期	《隋易太子》至《朱温取淄青》等	65
（6）五代时期	《朱温篡唐》至《世宗征淮南》等	23

---

　　①　《宋史·袁枢传》。

　　②　参柴德赓《史籍举要》，页 192。袁枢从什么时候开始编纂《通鉴纪事本末》，并无明文记载，李宗邺《中国历史要籍介绍》认为"大约在他中进士以后，才有余力从事著述，至少费了十年左右时间"（页 346）。

由于每事各立标题,按年代顺序抄录《通鉴》原文,首尾完备,自成一篇,所以此书的重要性在其标目,分卷的意义不大。从这二百三十九条题目所惯用的字眼,例如"平""据""灭""叛""乱""篡""讨"等,可以看到袁枢充满了正统王朝的思想。

此书的分量,约为《资治通鉴》的二分之一。从史料价值上说,本书完全沿用《通鉴》的资料,而内容亦不能不局限于政治活动方面,自然无法称许。但从史籍的编纂方法言,袁枢别开生面地编成此书,创造了一种新的规格,单是这一点就已经突破了前人,不能纯粹视为一部"抄"成的著作。

第三节　纪事本末体的价值

中国史籍的体例,在宋以前不外编年与纪传二体。这两种撰史方法虽各有长处,但也有缺点。《四库全书总目提要》指出,编年体以年为经,"或一事而隔越数卷",以致"首尾难稽";纪传体以人为主,"或一事而复见数篇",致使"宾主莫辨"。至南宋《通鉴纪事本末》出,始有纪事本末一体,以记述事件始末为主;至此史体遂备。

纪事本末体的体例,《四库全书总目提要》指出:"区别门目,以类排纂,每事各详起讫,自为标题;每篇各编年目,自为首尾。"因此每个历史事件,"前后始末,一览了然。遂使纪传编年贯通为一,实前古之所未见也"。换言之,是在编年、纪传之外,另行创造了一种新的体裁。它的好处,正如《文史通义》所言:"文省于纪传,事豁于编年。"在《通鉴纪事本末》以后,运用这种形式编写史书的人很多,出现了不少著作,从而使纪事本末体史籍自成一个系统。

不过,纪事本末体史书在记载史事时,往往把史事孤立起来,各题之间缺乏内在的联系,这是它的一大缺点。

第四节　其他纪事本末体史籍

在袁枢《通鉴纪事本末》的影响下,明清时期产生了十多种纪事本末体史籍。明代有陈邦瞻的《宋史纪事本末》和《元史纪事本末》;清代有张鉴的《西夏纪事本末》,李有棠的《辽史纪事本末》和《金史纪事本末》,谷应泰的《明史纪事本末》,杨陆荣的《三藩纪事本末》,高士奇的《左传纪事本末》,李铭汉的《续通鉴纪事本末》。此外,还有近人黄鸿寿的《清史纪事本末》。(表20)兹简介如下:

表 20　纪事本末体史籍一览

书名	编撰者	卷数
《通鉴纪事本末》	宋·袁枢	42
《宋史纪事本末》	明·陈邦瞻	26
《元史纪事本末》	明·陈邦瞻	27
《西夏纪事本末》	清·张鉴	36
《辽史纪事本末》	清·李有棠	40
《金史纪事本末》	清·李有棠	52
《明史纪事本末》	清·谷应泰	80
《三藩纪事本末》	清·杨陆荣	4
《左传纪事本末》	清·高士奇	53
《续通鉴纪事本末》	清·李铭汉	110
《清史纪事本末》	近人·黄鸿寿	80

（一）《宋史纪事本末》——明朝陈邦瞻据冯琦遗稿增订而成，二十六卷，一百零九目，张溥补撰论断。此书循袁枢《通鉴纪事本末》体例，辑录宋代大事，颇有条理，可补《宋史》原书芜杂之弊；惟考订不精，往往沿袭《宋史》纪事的错误。

（二）《元史纪事本末》——明朝陈邦瞻撰，臧懋循补辑，张溥补撰论断。二十七卷，每卷一事，侧重记述元朝成败与各种制度。作者把元军灭宋以前的史事属宋，明军灭元史事归明，所据又不出《元史》及商辂等所撰《通鉴纲目续编》范围，故内容简略，较《宋史纪事本末》逊色。

（三）《西夏纪事本末》——清代张鉴撰。三十六卷，每卷一事，卷首附图表二卷。辑录宋、辽、金、元诸史有关西夏的资料，排比而成此书。间有"考异"之类的按语，但较粗略。

（四）《辽史纪事本末》——清代李有棠撰。四十卷，每卷一事。据《辽史》所载，兼采宋、金、元各史及传记、文集等书；并考证其异同，各为"考异"，附于正文之下。

（五）《金史纪事本末》——清代李有棠撰。五十二卷，每卷一事。据《金史》所载，兼采辽、宋、元三史及传记、文集等书；并考证其异同，各为"考异"，附于正文之下。

（六）《明史纪事本末》——清代谷应泰撰。八十卷，每卷一题。此书较清代官修《明史》早出八十年，多据私家野史，能集众家之长，但记载亦多有出入。有关成祖设立三卫、进军漠北以及宦官专权、沿海倭寇、议复河套等问题，较《明史》为详；关于建州之记载，为《明史》所不录。

（七）《三藩纪事本末》——清代杨陆荣撰。四卷，分二十二事，记南明弘光、隆武、永历三帝史事，及清军进攻南明政权的经过。此书内容简略，人物、地点和时日都有不少错误。

（八）《左传纪事本末》——清代高士奇撰，五十三卷。以南宋章冲《春秋左氏传事类始末》为基础，把列国事迹依事命题；又采先秦两汉有关典籍，作为"补逸""考异""辨误"等，附于正文之下。

（九）《续通鉴纪事本末》——清代李铭汉撰，一百卷。据毕沅《续资治通鉴》编纂，分为一百一十事，以继袁枢《通鉴纪事本末》。刊于光绪帝三十二年（公元 1906 年）。

（十）《清史纪事本末》——近人黄鸿寿撰，八十卷。每卷一事，记满洲族兴起至宣统时史事。据《东华录》，兼采传闻，持可信者取、不可信者则舍的态度，因成书较早，未能利用《清实录》等资料，内容颇有失误之处。1915 年由上海文明书局出版。

总括而言，自袁枢创制《通鉴纪事本末》以来，纪事本末体史书代有续作，逐渐形成一套完整系列，从上古直到清代都包括在内，俨然与纪传体正史和编年体史书鼎足而三。由于纪事本末体史书多数是根据某一部或两部史书加以改编而成，只有少数是编者自己采集史料从头编纂的，所以其史料价值当作别论。纪事本末体史书的重要性，是增加了一种便于阅览的体裁形式。

第十四章　马端临与《文献通考》：
记述历代典章制度

第一节　马端临生平和《文献通考》著书目的

宋末元初马端临撰《文献通考》，是继《通典》《通志》之后，规模最大的一部记述历代典章制度的著作。

马端临（约公元 1254—1323 年），饶州乐平（今江西乐平）人，字贵与。咸淳年间，漕试第一。其父马廷鸾曾任史官，宋末官至右丞相，后因反对贾似道，被排挤去职，马端临亦随父回原籍家居。元军攻陷南宋国都临安时，他才二十三岁。南宋亡后，他一直隐居不仕，致力于《文献通考》的编撰。至元二十六年（公元 1289 年），其父去世，马端临始出任慈湖、柯山两书院山长，后又做过三个月的台州儒学教授，以病辞归，卒于家。马端临的著作尚有《多识录》《义根守墨》《大学集传》等，均已失传。由于《宋史》《元史》都没有给他立传，故其事迹不甚可考。①

《文献通考》的编撰时间，始于至元二十二年（公元 1285 年）前后，到大德十一年（公元 1307 年）全书才告完成，整整用了二十多年的时间。但马端临无力把这部巨著刊印出来。过了十一年，元朝派道士王寿衍到江南访求"有道之士"，儒学教授杨某向王寿衍推荐马端临，王寿衍将《文献通考》抄呈朝廷，元仁宗敕命官为雕版，并令马端临携原稿亲赴校勘。马端临整整用了三年时间，才把这部书校勘完毕。至治二年（公元 1322 年），《文献通考》终于刊行。

马端临著《文献通考》的目的，他在《自序》中反复说明，一方面为续补杜佑《通典》天宝以后的事迹，一方面要配补司马光的《资治通鉴》；其述记体裁略如纪传体史书中的纪和志。②

第二节 《文献通考》的内容和编纂方法

本书记载从上古到宋宁宗嘉定末年典章制度的沿革，分为二十四考，每考再分子目，合共三百四十八卷。其中十九考是沿袭

———————————

① 《南宋书》和《新元史》有马端临传，但记事也不过百字左右；《元史类编》和《宋元学案》中的小传，为《新元史》所依据，内容也很简略。幸《文献通考》的《进书表》和《抄白》以及清初修的《乐平县志》中保存了几点有关的材料。

② 《文献通考·自序》："《诗》《书》《春秋》之后，惟太史公号称良史，作为纪、传、书、表，纪传以理乱兴衰，八书以述典章经制，后之执笔操简牍者，卒不易其体。然自班孟坚而后，断代为史，无会通因仍之道，读者病之。至司马温公作《通鉴》，取千三百余年之事迹，十七史之纪述，萃为一书，然后学者开卷之余，古今咸在。然公之书，详于理乱兴衰，而略于典章经制。……唐杜岐公始作《通典》，肇自上古，以至唐之天宝，凡历代因革之故，粲然可考。……天宝以后，盖阙焉。有如杜书纲领宏大，考订该洽，固无以议为也；然时有古今，述有详略，则夫节目之间，未为明备，而去取之际，颇欠精审，不无遗憾焉。"

《通典》而详加增补的,例如《田赋》《钱币》《户口》等八考是从《食货典》析出;《选举》《学校》二考从《选举典》析出;《舆地考》是《州郡典》的改称;《四裔考》是《边防典》的改称等等。另有五考为马端临自创:一、《经籍考》采录历代各种书目;二、《帝系考》叙述历代帝王姓氏出处及其统治时期;三、《封建考》叙述历代封爵建国事略;四、《象纬考》叙述历代天象情况;五、《物异考》叙述历代各项事物灾异变化。(表21)

表 21 《通典》与《文献通考》的比较

《通典》	《文献通考》
(1)《食货典》 ……… 12 卷	(1)《田赋考》……………… 7 卷 (2)《钱币考》……………… 2 卷 (3)《户口考》……………… 2 卷 (4)《职役考》……………… 2 卷 (5)《征榷考》……………… 6 卷 (6)《市籴考》……………… 2 卷 (7)《土贡考》……………… 1 卷 (8)《国用考》……………… 5 卷
(2)《选举典》…………… 6 卷	(9)《选举考》 …………… 12 卷 (10)《学校考》 …………… 7 卷
(3)《职官典》 ……… 22 卷	(11)《职官考》…………… 21 卷
(4)《礼典》…………… 100 卷	(12)《郊社考》…………… 23 卷 (13)《宗庙考》…………… 15 卷 (14)《王礼考》…………… 22 卷
(5)《乐典》…………… 7 卷	(15)《乐考》……………… 21 卷
(6)《兵典》 ……… 15 卷	(16)《兵考》……………… 13 卷
(7)《刑典》……………… 8 卷	(17)《刑考》……………… 12 卷

（续表）

《通典》	《文献通考》
	(18)《经籍考》······ 6 卷 (19)《帝系考》······ 10 卷 (20)《封建考》······ 18 卷 (21)《象纬考》······ 17 卷 (22)《物异考》······ 20 卷
(8)《州郡典》······ 14 卷	(23)《舆地考》······ 9 卷
(9)《边防典》······ 16 卷	(24)《四裔考》······ 25 卷
合计:九门,200 卷	合计:二十四考,348 卷

　　本书的编纂方法,有其独到之处。《自序》中清楚说明了"文""献""注"三个编写原则和方法:(一)"文"就是叙事,亦即所采取的史料,是本于经史而参以历代会要及百家传记,"信而有征者从之,乘异传疑者不录"。(二)"献"就是论事,也就是对历史现象、历史事件、历史人物的批评;所据以为论者先取当时臣僚的奏疏,次及历代人物的评论意见,以至稗官的记录等,"凡一话一言,可以订典故之得失,证史传之是非者,则采而录之"。(三)"注"就是附注意见,"其载诸史传之记录而可疑,稽诸先儒之论辨而未当者,研精覃思,悠然有得,则窃着己意,附其后焉"。书名《文献通考》,即由此而来。

第三节　《文献通考》的评价

　　《文献通考》除以《通典》为蓝本外,兼采经史、会要、传记、奏疏、论议及其他资料,扩大和补充其内容,重新编纂成书。其内容比《通典》更广泛,门类也较《通典》分得精密。例如叙述经济方面,

《通典》只立《食货》一门,《文献通考》则分为《田赋》《钱币》等八考,为研究历代经济史提供了更大的方便。

同时,本书各考,既能抓住主要问题进行记述,在记述有关典章制度的沿革时又能按时间的先后顺序加以编排,并注意表现其变化的不同阶段。如书中将商鞅变法和杨炎两税法的施行,作为田赋制度演变的标志;又把飞券、交子、会子,作为纸币制度演变的标志。

另外,本书还能凭借丰富的资料,新立门类,对一些典章制度的沿革加以叙述。

《文献通考》的优点,并不止于此。马端临在蒙古人高压统治下的元朝编著此书,一方面怀念故国山河,一方面又愤恨南宋当政者贪污腐化导致亡国之祸,所以书中对两宋时期腐败黑暗的统治,往往有不留余地的暴露。[①] 虽然就简明扼要、首尾一贯而言,本书逊于《通典》,但其史料价值不仅高于《通志》,而且也超过了《通典》。[②]

总括而言,《文献通考》的价值可以归纳为以下几点:

第一,补《通典》之不足。《通典》以精密见称,《文献通考》以博通为长,各有独到之处,而又互相补足。明清以来的史学家,对《文献通考》都比较重视。

第二,取材广博,网罗宏富。中唐以后,尤其是宋代部分,所搜

---

① 例如《田赋考》指出湖田圩田之"利己困民",《征榷考》指出行盐法"而州县之横敛起"等。

② 《四库全书总目提要》:"大抵门类既多,卷繁帙重,未免取彼失此。然其条分缕析,使稽古者可以案类而考。又其所载宋制最详,多《宋史》各志所未备,案语亦多能贯穿古今,折衷至当。虽稍逊《通典》之简严,而详赡实为过之,非郑樵《通志》所及也。"

集的史料相当丰富，其中有不少为《宋史》所无。

第三，编纂方法承先启后。此书重视文、献、注三者结合为一，把经过考证的材料分门别类，按时间顺序排比；每门之前各有小序，各条之后夹有前人及宋儒的议论；末尾附有按语，说明作者自己的见解。既吸取了前人修史的经验，又开创了后世历史考证学的先河，影响非常深远。

第四，史学思想的进步。对于杜佑、郑樵等人的史学思想，马端临也有所继承和发展。例如《通典》首列《食货典》，《文献通考》继承了这种重农思想，再加以细分，并以田赋为首，内容上也更详细。

《文献通考》问世以后，代有续作，如《续文献通考》《清文献通考》等，合为一套前后连贯而有系统的文化史料汇编。

第十五章　明末清初：划时代的史学著作

第一节　黄宗羲与《明儒学案》

一、《明儒学案》:明代学术史专著

黄宗羲(公元1610—1695年),明末清初浙江余姚人,字太冲,号南雷,又号梨洲,学者称为梨洲先生。其父黄尊素是明末东林党的著名人物,后来被宦官魏忠贤害死。黄宗羲在青年时期,就曾参与复社反宦官权贵的斗争。清兵南下时,他组织义军抗清。明亡以后,专心从事著述,累拒清廷征召。他学识渊博,上下古今,天文地理,九流百家,无不精研,著有《明夷待访录》《南雷文定》《明儒学案》等书多种,后人编有《黄梨洲文集》。黄宗羲与顾炎武、王夫之并称明末清初三大思想家,对史学亦多有贡献。

《明儒学案》采集明代学者二百余人的文集和语录,辨别其学术宗派,分为十九个学案,并逐一加以叙述,是研究明代学术思想史的重要著作。此书共六十卷,卷首《师说》一篇,简要引述其师刘

宗周介绍方孝孺等二十余人的学术思想，类似全书总论。其下为各学案，依历史发展顺序分作三个时期：（一）初期以程朱之学为主，陆象山二派次之，故立崇仁（吴与弼）、河东（薛瑄）、白沙（陈献章）等学案。三原学案一派虽出河东薛氏，但又不尽相同，是其"别派"。（二）中期专述王学，首立姚江学案，叙述王守仁的学术思想；以下分立浙中、江右等学案，皆冠以"王门"二字，以见其传授的系统。另有三派虽出于王学，但各有其宗旨，已不同于王学，故别立学案以示区别，而学案上亦无"王门"二字。（三）末期立东林、蕺山两学案，前者以顾宪成、高攀龙为首，后者仅刘宗周一人。此外，在中期与末期之间，另立诸儒学案，记述各学派以外的重要学者，如方孝孺等。

　　书中每介绍一个学派，先有小序述其渊源流别，概括要旨；代表学者都有小传，扼要介绍其生平经历、著作思想及学术传授，然后是著作或语录选辑，间中亦有作者的见解。

　　本书成于康熙十五年（公元 1676 年）。在此以前，叙述学术思想的书籍，虽有宋代朱熹的《伊洛渊源录》等，但都不是有组织、有系统的专著。因此《明儒学案》可以说是中国第一部学术思想史的著作，对后世影响甚大。其编纂体例，为后世史家所仿；取材的精慎，亦为学者所称许。梁启超《清代学术概论》指出："清代学术之祖当推宗羲，所著《明儒学案》，中国自有学术史，自此始也。"作者在记述各种学派时，所持态度比较客观，尚能尊重事实，而不加解说，也是值得称赞的。但书中没有介绍明代重要的思想家李贽，对东林党人的评价过高等，是其缺点。

欽定四庫全書

明儒學案卷五

　　　　　　徐姚　黃宗羲　撰

崇仁學案二

文敬胡敬齋先生居仁

胡居仁字叔心饒之餘干人學者稱為敬齋吳康齋先生弱冠

時慨志聖賢之學遂造康齋吳先生之門乾意科舉慕室

梅溪山中事親講學之外不干人事久之欲廣閱見通

閩歴浙入金陵從彭蠡而退所至訪求問學之士晤而

與鄉人婁一齋羅一峯張東白為會於弋陽之龜峯餘

干之應天寺提學李齡鍾城相繼請主白鹿書院諸生

又請講學貴溪桐源書院淮王聞之請講易於其府王

欲梓其詩文辭曰尚得進光生嚴毅清苦左瓶右柜

日立課程詳書得失以自考父病者藥飲驗其深淺兒

出則迎候於門有疾則弱調藥飲熟視之喪水漿不入

口衰毀骨立非杖不能起三年不入寢室動修古禮不

清《四库全书·明儒学案(卷五)》

二、《宋元学案》：宋元学术史专著

《宋元学案》，黄宗羲、黄百家父子及全祖望撰。本书成于《明儒学案》之后。当黄宗羲修完《明儒学案》时，已年近七十，而犹壮志未衰，续修《宋元学案》，发凡起例，写成《序录》，但仅成十七卷而卒。其子黄百家接着续修，也没有写成。到乾隆年间，史学家全祖望（公元 1705—1755 年）立志完成此书，遂从乾隆十一年（公元 1746 年）起，以十年时间加以补修，始成初稿。全祖望手撰之稿，约占全书十分之七。后来经黄宗羲玄孙黄稚圭及其子黄平黼整理补充，编成八十六卷；付刻时王梓材再加校订，并按全祖望《叙录》中所定百卷之数予以补足，最后于道光十八年（公元 1838 年）成书。

《宋元学案》共一百卷，是综述宋、元两代七百年间学术思想发展的专著。书中按照不同学派，列为九十一个学案，每个学案先列一表，备举师友弟子，以明其学术渊源及传授统系；其次为小传，叙述案主生平、著作和思想；末后附载遗闻轶事及后人评论。

此书不以学术思想定于一尊，对各派各家一视同仁，而且不轻下主观的批评，在编纂体例上较《明儒学案》为优。而且记述的学者达两千多人，有的较正史为详，有的为正史所无，实为研究宋、元学术思想史的重要资料。但有些学案的记载过于简略，在材料平均及充实方面不及《明儒学案》。

第二节　顾炎武与《日知录》

顾炎武（公元 1613—1683 年），明末清初江苏昆山人，初名绛，字宁人，学者称为亭林先生。少年时曾参加复社反宦官权贵的斗争，抨击明朝的弊政。清兵南下时，参加抗清起义；失败以后，遍游山东、河北、山西、陕西、河南等地，访问风俗，采访遗闻，尤致力于对边防和西北地理的研究。他始终抗拒清廷的征召，晚年卜居华阴，卒于曲沃。其学问广博，对国家典制、都邑掌故、天文舆地以及经史百家、音韵训诂等，均有深湛研究，是清代朴学的开山祖师。其治学主"经世致用"，治史则对制度文物及地理沿革进行考订。著有《日知录》《天下郡国利病书》《顾亭林诗文集》等。

《日知录》三十二卷，是顾炎武一生研究学问的结晶，他在《自序》中说："自少读书，有所得，辄记之；其有不合，时复改定。或古人先我而有者，则遂削之。积三十余年，乃成一编。"从体例上看，这是一种读书笔记，作者把平日的读书心得随时记下，归纳论证，所以大多是考据文字；所涉及的问题，则非常广泛，包括政治、军事、经济、哲学、宗教、历史、法律、经学、文学、艺术、语言、文字、典章制度、天文地理等等。

本书不分门类，但编次先后，略以类从。照顾炎武所言，大抵"上篇经术，中篇治道，下篇博闻"。作者每论一事，必详其始末，参以佐证，然后着笔，所以引据浩繁，资料丰富。在考证方法上对后世学者有较大影响，但并非为考据而考据，而是在考据中寄托了他的政治理想。尤为值得重视的是，书中对历代史书、史家及各种史体的长短得失，都有所论述，具体表达了作者的史学见解。

清阎若璩《潜邱札记》曾对《日知录》作过补正，扬宁、沈彤、钱大昕等对此书均有校订，黄汝成著《日知录集释》，尤为精审。近人黄侃据传钞本，著《日知录校记》。

第三节　王夫之与《读通鉴论》

王夫之（公元 1619—1692 年），明末清初湖南衡阳人，字而农，号薑斋，晚年定居衡阳石船山，世称船山先生。明亡以后，曾参加抗清斗争，失败后隐居于深山僻壤，刻苦钻研，从事著述达四十年。他对天文、地理、历法、数学等都有研究，尤精于经学、史学和文学，对后世学者影响很大。著作有百多种，后人辑为《船山遗书》，其中《读通鉴论》和《宋论》①，对秦代以后的社会历史作了系统的分析和评论，是他的史学代表作。

《读通鉴论》成书于康熙二十六年（公元 1687 年）。共三十卷，

---

① 《宋论》十五卷，是专评宋代史事的史论著作，其体裁和观点，均与《读通鉴论》相同。书中除末卷外，基本上每帝一卷，每卷选择若干历史事件和人物，加以分析评论。内容对宋代统治者多所指责，评论大多切中时弊。

计秦史一卷、两汉史八卷、三国史一卷、两晋史四卷、南北朝史四卷、隋史一卷、唐史八卷、五代史三卷。每卷根据《资治通鉴》所列帝王世系分为若干篇，选择历史事件和人物加以析论，有关史实皆略而不载。末附《叙论》四篇，阐明著书宗旨。

王夫之亲身经历了明末清初社会的巨变，对当时社会的弊病有深切的感受。他撰写本书，目的在于探求历史的成败得失，作为认识和改造现实的借鉴。因此他用评论历史的形式，来表达自己的政治主张和历史观点；而他所评论的历史实例，都是针对明末清初各种社会政治问题的。举例来说，他鉴于明末党争误国，所以书中涉及前代党争，都反复贬斥，以为"朋党不禁，士气不端，国是终不可立"。在论帝王统治时，竭力反对申、商的法治，而赞美法简刑轻、不察小过、"以柔道行之"的统治方法。

《读通鉴论》的主要成就，在于对重要的历史事件提供了一定的看法，而这些看法都是从具体的史实中分析得来的。作者在《叙论》中一开头就反对正统观念。指出天下不是一家人所能私有的，讨论天下事要遵循天下的公议。这种观点明显地具有反封建的性质。作者还试图总结社会发展的法则，认为历史是发展变化的，郡县制代替封建制是"势之所趋"。这种讲"势"的历史发展观念，更为他的史论增添了许多异彩。

第四节　顾祖禹与《读史方舆纪要》

顾祖禹（公元 1631—1692 年）是明末清初杰出的历史地理学家，江苏无锡人，字瑞五，号景范，因常居无锡城东的宛溪，学者称为宛溪先生。清兵入关时,年方十四,随父徙居常熟虞山;因家境穷困,很早就为塾师。从公元1659年起,在教书之余,开始撰写《读史方舆纪要》,以期对恢复明朝的统治有所帮助。晚年应徐乾学之聘,参与编修《大清一统志》,与阎若璩等同在京师志局,但谢绝徐乾学荐举,书成又不肯列名。顾祖禹毕生精力都贯注于撰写《读史方舆纪要》,他参考了二十一史及百多种地方志,总结前人的知识,再加上自己实际调查所得的珍贵材料,直到临终前始写成,前后历时三十余年。

《读史方舆纪要》一百三十卷,附《舆图要览》四卷,凡二百八十多万字,是一部规模宏大的历史地理专著。内容可以分为三个部分:(一)前九卷为历代州域形势,起自唐虞,终于明代。(二)其次一百一十四卷,以明代南北直隶、十三布政使司的行政区划为单位,分别加以叙述。每一区域,都先冠以总序,述疆域建置、沿革和山川形势的险要;次附地图;其后则为正文,分别按府、州、县为纲,逐一叙述其疆域、沿革、城邑、山川、关隘、古迹以至于桥梁、驿站等,而在专述某个城邑或山川时,往往也附带提及有关的城邑山川情况。(三)末后七卷,总述山川、漕河、海道及分野。

书中凡顶格写的是正文,低一格写的是注,夹行写的小字是注中的注。各卷论述,均采用朱熹写《通鉴纲目》的办法①,自撰纲要,自为作注。编写体裁,独创一格;历代州域,以朝代为经,地理为纬;京省形势,则以地理为经,朝代为纬。经纬互持,纵横并立,构

---

① 《通鉴纲目》五十九卷,卷首凡例一卷,南宋朱熹撰,由其门人赵师渊帮助编成。此书根据司马光的《资治通鉴》,提纲絜领,成一简编;每条以提要为"纲",叙述为"目",由是创"纲目体"。

成一部眉目清晰、体例新颖的舆地著作。此外，卷首有《总序》三篇，叙述写作目的；凡例二十六条，概述全书要旨。

《读史方舆纪要》对于历代都邑形势、山川险要、战守事迹、河渠水利等等，都能贯串古今，作精密的论述，取材审慎，记载亦详，对前人的差错多所订正，极便应用。本书与历来舆地志书最大不同之处，是具有浓厚的军事地理特色，因此对于山川险易、古今用兵战守攻取之宜、兴亡成败之迹，叙述颇为详尽；而对于景物游览之胜，则多所从略。这对于古代用兵及研究古代军事史有很大的帮助。但本书也有不少缺陷，例如作者把明亡的原因归结为当事者不明山川形势，显然是不正确的；同时，因作者以明代遗臣自居，因此明代嘉靖以后的事项记载颇为简略，而对清初情况则绝口不谈，在一定程度上影响了本书的参考价值。

第十六章　乾嘉时期：清代
三大考史名著

第一节　钱大昕与《廿二史考异》

钱大昕（公元 1728—1804 年），江苏嘉定（今属上海）人，字晓征，一字辛楣，号竹汀。乾隆进士，选翰林院庶吉士。累官少詹事、广东学政，历充《热河志》《续文献通考》《续通志》《一统志》纂修官及山东、湖南、浙江、河南主考官。四十八岁时，丁父忧，辞官归里，从此不再出仕，先后主讲钟山、娄东、紫阳等书院二十余年。其学问渊博，兼通众艺，而尤精于史部，对于史事考证，态度严肃认真。一生著书甚多，除《廿二史考异》外，还有《十驾斋养新录》《元史氏族表》《潜研堂文集》等多种，是清代著名的史学家、音韵学家和金石学家。

《廿二史考异》所考二十二史，是指二十四史中除去《旧五代史》和《明史》以外的二十二种"正史"。作者在《序》中说："二十二家之书，文字烦多，义例纠纷。舆地则今昔异名，侨置殊所；职官则沿革迭代，冗要逐时。欲其条理贯串，了如指掌，良非易事。"因此立意仿《通鉴考异》体例，编辑本书，对二十二史及其注释进行校勘和考释。他从乾隆三十二年(公元 1767 年)起，将多年考史所得整理编纂，历十余年完稿，但延至嘉庆元年(公元 1796 年)始校刻成书。

《廿二史考异》共一百卷，特别注重文字校勘和名物训诂，重点则在考订年代、官制、地理沿革和辽金国语、蒙古世列等。所释各条，都是史书中的一些具体问题，例如指出史书记载的前后矛盾及与他书抵牾之处，订正文字衍讹、训注不当及古今异同，对于文字音韵也时加注释。由于作者学问渊博，在考证时，不但以史证史，而且还以经证史及以金石铭文等考古材料订正史书记载，甚至根据音韵学训读史书文字，故能考订出廿二史中不少差错。不过，本书亦仅限于考核具体史实，未能充分表明作者的历史见解。其考证方法，与同时代人相比虽有独到之处，但仍带有很大的局限性，例如书中不能从原作者的世界观和方法观分析其记载是否如实，所以考订出来的结论，有时未能彻底解决问题，有时则有些错误。

《廿二史考异》(卷四十九·唐书九)(清光绪二十年廣雅書局刻本)

第二节　王鸣盛与《十七史商榷》

　　王鸣盛(公元 1722—1797 年),江苏嘉定(今属上海)人,字凤喈,号西庄,晚年改号西沚居士。乾隆时中进士,授翰林院编修,官至内阁学士兼礼部侍郎,出为福建乡试主考官,旋迁光禄寺卿。后丁母忧,解官居苏州,不复出仕。其后三十年间,闭门读书,以卖文为生,不与当道应酬。他青年时期研治经义,致仕后转而治史,《十七史商榷》是他毕生精力的结晶;晚年将考证所得,编为《蛾术编》。著作尚有《耕养斋诗文集》《西沚居士集》等。

　　《十七史商榷》共一百卷,成于乾隆五十二年(公元 1787 年)。所谓十七史,是指十七部"正史",即《史记》《汉书》《后汉书》《三国志》《晋书》《宋书》《南齐书》《梁书》《陈书》《魏书》《北齐书》《周书》《隋书》《南史》《北史》《新唐书》《新五代史》。书中虽然论及《旧唐书》与《旧五代史》,但因宋人习惯称为十七史,故沿用旧称。所谓商榷,大致包括三方面:第一、校勘诸史文字和考证历代史事、典制;第二、评述史家和史书;第三、评论历史事件和历史人物。作者敢于突破前人定论,例如魏收《魏书》,历来视为秽史,作者认为不公允,说它未必出于诸史之下。书末有《缀言》二卷,讨论史家义例崖略。本书除史事以外,尤详于舆地、职官及典章制度,对研究正史有重要的参考价值,与《廿二史劄记》《廿二史考异》齐名。

《十七史商榷（序）》（民国初年上海文瑞楼石印本）

第三节　赵翼与《廿二史劄记》

赵翼（公元1727—1814年），江苏阳湖（今江苏武进）人，字云崧，一字耘松，号瓯北。乾隆时中进士，授翰林院编修，参与编纂《通鉴辑览》；历官广西镇安知府、广州知府、贵西兵备道等职。中年辞官家居，主讲安定书院，专心著述四十余年。工诗善文，尤长于历史考据，与钱大昕、王鸣盛齐名。他并不限于只对旧史补缺订伪，而且把分散的史料加以比类综合，也留心于评述历代治乱兴衰的因由及古今社会的变化。著有《廿二史劄记》①《清朝武功纪盛》《陔余丛考》《瓯北诗钞》等，大多收入《瓯北全集》。

《廿二史劄记》所记实为二十四史，即从《史记》到《明史》，因当

---

① "劄"字现时或简写为"札"，这两个字的音义虽然相近，原不相同，所以仍以使用原字为佳。

时尚未把《旧唐书》及《旧五代史》定为"正史",故取此名。本书用笔记体裁写成,共三十六卷,附补遗一卷,按二十四史先后分卷编次;每卷以类相从,各立标题,共为六百零九条。(表22)此书除考论各史的编撰情况、纂修体例、方法优劣、材料来源及真伪外,更把重大的历史事件加以综合比较,指出治乱兴衰的原因。编写方法是以本史证本史,颇具说服力;内容性质方面,则史法与史事并重。[①] 书中还揭露了历史上许多黑暗统治,但作者慑于清统治者的压力,论事有所顾忌,其中亦有曲笔,例如赞成秦桧主和,又斥明末主张抗清诸臣为书生误国等,为后世史家所讥。

表 22　《廿二史劄记》内容概略

卷次	所记史书	篇目举例
卷一至三	《史记》《汉书》	《司马迁作史年岁》《史汉不同处》等
卷四、五	《后汉书》	《后汉书编次订正》《汉帝多自作诏》等
卷六至八	《三国志》《晋书》	《后汉书三国志书法不同处》《晋书所记怪异》等
卷九至十二	《宋、齐、梁、陈书》并《南史》	《宋书多徐爰旧本》《南史过求简净之失》等
卷十三至十五	《魏、齐、周、隋书》并《北史》	《魏书多曲笔》《隋文帝杀宇文氏子孙》等
卷十六至二十	《新、旧唐书》	《旧唐书源委》《新唐书本纪书法》等
卷二十一、二十二	《五代史》	《薛史全采各朝实录》《五代姑息藩镇》等

---

① 《廿二史劄记·小引》云:"是编多就正史纪、传、表、志中参互勘校,其有抵牾处,自见辄摘出,以俟博雅君子订正焉。至古今风会之递变,政事之屡更,有关治乱兴衰之故者,亦随所见附着之。"这段话道出了此书的编写方法和内容性质。

（续表）

卷次	所记史书	篇目举例
卷二十三至二十八	《宋史》《辽史》《金史》	《宋辽金三史》《宋史事最详》等
卷二十九、三十	《元史》	《金元二史不符处》《元史自相岐互处》等
卷三十一至三十六	《明史》	《明史立传多存大体》《明初文人多不仕》等

第四节　清代三大考史名著的比较

《廿二史劄记》成书于乾隆六十年（公元 1795 年），①虽有谬误，但并不因此而掩没其优点，是研究二十四史的重要参考书籍，与《廿二史考异》《十七史商榷》并称清代三大考史名著，其作用与影响远在二书之上。（表 23）

表 23　清代三大考史名著的比较

书名	作者	卷数	内容特点
《廿二史考异》	钱大昕	100	详于校勘文字,解释训诂名物;有时也对原书事实谬误加以纠正。
《十七史商榷》	王鸣盛	100	有时虽也校释文句,但着重于典章故实的论述。
《廿二史劄记》	赵翼	36	注意各史的著述沿革,评论得失,时亦校勘其抵牾,而对有关一代兴衰变革的重大问题,论述尤详。

———————

① 乾隆六十年刊行的《廿二史劄记》,传世者甚少;嘉庆年间以湛贻堂名义刊行的《瓯北全书》,本书列为第一种,是后世的通行本。近年中华书局排印《廿二史劄记校证》,吸收二本之长,改正不少错误,较为完善。参阅王树民《廿二史劄记》,仓修良主编《中国史学名著评介》第二卷,页 484。

　　总的来说,清代乾隆、嘉庆年间,在经学、史学、文献学以及一切相关的治学领域,都弥漫着将考证作为时尚的风气。以历史考据学见长的,有钱大昕、王鸣盛等人,但他们绝非只知琐碎考证,而是具有深刻思想的史家。赵翼和章学诚则是另一类人物,赵翼在历史考据方面,并不见得十分严谨,他还在诗作中讥讽当时的考据风习;章学诚生当乾嘉考据学兴盛时期,从事修志活动三十余年,致志于理论性的史学研讨,因而成为清代杰出的史学理论家。①

_____

① 乔治忠著《中国史学史》,页 286—297。

第十七章　六经皆史：章学诚与《文史通义》

第一节　章学诚的生平和学术

《文史通义》，清代章学诚撰，是继刘知幾《史通》之后最重要的一部史学理论专著，且为后人开辟了许多新路径。书中表达了卓越的识见，可谓博大精深，因此后世把章学诚与刘知幾并列，并非过誉。甚至有人认为章学诚"于史学最有贡献，刘知幾、郑渔仲〔樵〕皆非其伦"①。

章学诚（公元1738—1801年），字实斋，浙江会稽（今浙江绍兴）人。他生活的时代，正是所谓"乾嘉盛世"；但他还是青少年时，就已经不喜欢章句之学。二十数后有志于史，两次应乡试不第，二十五岁进国子监读书，后师事著名学者朱筠。三十四岁时，朱筠提督安徽学政，章学诚随入幕中数年，得与史学家邵晋涵、洪亮吉等共事，相与讨论学术。在此期间，曾主编《和州志》。三十九岁起，任

---

① 方壮猷著《中国史学概要》，页191。

国子监典籍,主讲定州定武书院,并主修《永清县志》。四十一岁,始中进士,归部铨选,未获官职。此后,为生活所迫,寄人篱下,先后主讲于清漳、敬胜、莲池等书院。五十岁起,往投河南巡抚毕沅,主讲归德文正书院,并主编《史籍考》。后又依亳州知州裴振,修《亳州志》;再赴武昌投湖广总督毕沅,修《湖北通志》,并助编《续资治通鉴》。六十岁时依安徽巡抚朱珪,后又依扬州盐运使曾燠。卒年六十四。

章学诚是中国古代史上继刘知幾后的另一位杰出史评家。但他的著作,都是在艰难的生活环境下写成的;章氏在世时除了所编修的几部方志外,其他多未刊行,故不少遗稿已渐次亡佚。例如《校雠通义》缺一卷,《史籍考》三百二十五卷仅存书目,《湖北通志》也残缺不全,唯有《文史通义》尚属完整。章氏临终前,曾将自己所存文稿委托王宗炎代为校订编次。王氏分为三十卷,包括《文史通义》《校雠通义》《方志例略》、文集、《湖北通志检存稿》,但未刊而卒。近人刘承幹又补辑外编十八卷、补遗一卷,其中收有《乙卯札记》《永清县志》《和州志》等,于公元 1922 年刊为《章氏遗书》,末附王秉恩的校刊记,合为五十一卷。

章学诚撰写《文史通义》,约始于乾隆三十七年(公元 1772 年),直至临终时止,前后长达三十年,可说是他一生的心血结晶。

第二节　《文史通义》的内容和主张

《文史通义》是章学诚文章的汇编,原无固定的体例,书中文章大致按“内篇”“外篇”等编排,章氏去世时还没有编成定本,后人编印时,篇目次序互有出入。① 此书有不同的版本,其一是上述于1922 年刊行的《章氏遗书》,有内篇六卷、外篇三卷;其二是"大梁本",即道光十二年(1832 年)章氏次子章华绂在开封另行编印的本子,有内篇五卷、外篇三卷,另《校雠通义》三卷。两种版本,内篇除排列次序及分卷不同外,前者多出七篇,大体尚无多殊异;外篇则差异较大,前者为"驳议序跋书说",后者为方志之文。1956 年,古籍出版社除依据《章氏遗书》本加标点重新排印外,还将1922 年四川省图书馆《图书集刊》所发表的《章氏遗书逸篇》五篇,作为《补遗续》一并收入。1985 年中华书局出版的《文史通义校注》,内篇五卷,外篇三卷,附《校雠通义》三卷,总共十一卷,内容大略与"大梁本"相同。(表 24)

表 24　《文史通义》内容概略

组成部分	版本比较	内容说明
内篇	《章氏遗书》本:六卷,比"大梁本"多出七篇; "大梁本":五卷,内容无多殊异,多半泛论文史。	《易教》等十一篇阐明"六经皆史"之旨,认为六经是古代典章制度的记载; 《史德》《申郑》等篇论史学,《浙东学术》篇探讨学术源流; 《诗教》《古文十弊》等篇,讨论文学流变及文章得失,反对追求形式,并对桐城派有所批判。
外篇	《章氏遗书》本及"大梁本"均各有三卷,但内容差异较大。	《章氏遗书》本为"驳议序跋书说"; "大梁本"为方志之文,论修志条例,阐述甚详。

---

① 　刘汉屏《文史通义》,仓修良主编《中国史学名著评介》第二卷,页498。

《文史通义》没有一定体例,各篇之间也无一定联系。书中文史并论,而较侧重于史。当时考据学盛行,而理学仍被统治者尊为学术正宗。但章氏认为考据学家长于考据而鲜言经世,理学末流又离事而言理,都是不切实际的。他主张"考索"与"义理"并重,强调学术研究不能脱离实际,应当经世致用。因此他在此书中阐述了自己对文史的主张,归纳起来主要有下列几点:

第一,提倡"六经皆史"之说。章学诚是崇奉儒家经典的,但他把经等同于史的地位,反对空谈义理,强调经世致用。他说:"六经皆史也。古人不著书,古人未尝离事而言理,六经皆先王之政典也。"①六经并不是理学家所说的"载道之书"。他认为"古无经史之分","盈天地间,凡涉著作之林,皆是史学,六经特圣人取此六种之史以垂训者耳。子集诸家,其源皆书于史。"②章学诚所说的"史",既指具有具体的历史事实和历史资料的"史",又指具有抽象义理的、经世致用的"史"。③

第二,把史籍区分为撰述与记注两类。章氏认为"史学"必具"史意",惟具"史意"方可谓"著述"。"史意"即"史家著述之微旨"。"著述"或称"撰述",是指有观点、有材料、有分析的著作;资料的纂辑,则称"比类"或"记注"。两者相辅为用,缺一不可,但章氏较看重撰述。④

第三,探讨史著的内容和体例。他极力提倡编修通史,"以通

---

① 《文史通义·易教》上。《经解》中又说:"事有实据而理无定形,故夫子〔按:指孔子〕之述六经,皆取先王典章,未尝离事而着理。"

② 《文史通义·报孙渊如书》。

③ 仓修良《章学诚和文史通义》,页117。

④ 《文史通义·家书》三:"吾于史学,贵其著述成家,不取方圆求备,有同类纂。"

史能纲纪天人,推明大道,通古今之变,成一家之言等优点,故特称之。"并指出通史有"六便"(免重复、均类例、便铨配、平是非、去抵牾、详邻事)和"二长"(具剪裁、主家法)。又认为史书的体例是不断变化的,主张改革纪传体史书:"仍纪传之体,而参本末之法,增图谱之列,而删书志之名。"①

第四,倡导编写地方志。章氏认为方志是以地区为中心的史书,应以记载历史文献为主,而不在于考究地理沿革。又建议在各州县设立志科,专管记录史事和征集、保存地方史料。他强调方志可以与国史相辅翼,主张把国史建筑在地方志书的基础上,才能达到全面和充实的地步。

第五,强调史家必须具备"史德"。史德是指"著书者之心术"而言,要求史家能客观地观察事物,如实加以记载,不得凭私意进行褒贬。这是"欲为良史"的基本条件,否则纵然有才有学,也只能写出"秽史""谤史"。②

第三节　《文史通义》的评价

《文史通义》在史学方面的贡献,主要有下列数点:

第一,扩大了史学的范围。刘知幾取《尚书》《春秋》与《史记》《汉书》并论,已开援经入史的先声。章氏进而指出"六经皆史",把几部主要经典彻底看成古史材料,奠立了史料学的基础,也提高了史学的地位。章氏认为史料来源有六:古代经典、州郡方志、金石

---

① 《文史通义·与邵二云论修宋史书》。
② 《文史通义·史德》。

图谱、诗文歌谣、官府簿牍、家族传状,扩大了历史研究和史料搜集的范围。

第二,改进了史学方法。章氏不满于向来讨论中国史籍的,大半都只就形式上的不同来分类,少有从内容和它的功用方面加以详细分析的。章氏区分史书为记注与撰述,明辨了史书编述工作中的不同功用,并指出两者本自相同,而不相妨害。他反对把历史研究局限于资料搜集和考证上,对史学的发展是有促进作用的。此外,他强调史书要有图,史学言必有征,以及提出评价历史人物的方法等,都是史学方法上的创见。

第三,是方志学的建立。方志的根源很早,但成为受人重视的专门学问,而且提高到史书的地位,则始自章氏。他不但对方志的性质、内容、体例等问题,提出了系统的理论方法,还把他的见解贯彻于具体的编纂工作中,《湖北通志》的修撰,就是一例。

此外,章氏在目录学方面的建树,亦自成一套完整的思想体系。

然而,《文史通义》中亦不乏宣扬纲常礼教之例;①对于历代史学名著的评论,其观点仍有值得商榷之处;书中所改史实,也有着错误的地方。而且,《文史通义》是一部未完成之作,又没有严密的著述体例,大多为应时借题之作,外篇更是以平时读书随感、序言题跋等形式来阐述自己的学术主张,所以内容比较庞杂,组织比较松弛,这也是一个缺点。

---

① 例如《文史通义》的《妇学》《妇学篇书后》《诗话》等篇,明显地表现出维护封建道德、宣扬封建伦理的思想。

第四节　刘知幾与章学诚的比较

刘知幾与章学诚先后辉映，但二人的主张和作风并不相同：

第一，对文史分合的看法各异。刘知幾反对文史混淆，《文史通义》合文史为一书，认为论文者前有刘勰的《文心雕龙》，论史者有刘知幾的《史通》，但通文史为一而合论者则未之见。事实上文与史不能截然划分为二。就文而论，皆有史学价值，可供采择；就史而论，非文无以成史。但世之能史者未必精于文，能文者未必兼通于史，混而一之，通而贯之，实有必要。

第二，二人重视各有不同。章学诚在家书中说："吾于史学，盖有天授。自信发凡起例，多为后世开山。而人乃拟吾于刘知幾，不知刘言史法，吾言史意；刘议馆局纂修，吾议一家著述。截然两途，不相入也。"①其自视之高，于此可见一斑，亦足以知二人之异。

不过，章氏未对"史意"作具体说明，大抵即对于史学所具有的别识心裁，其实仍然是现在我们所说的"史学"的概念。但章氏对史学的贡献，还是以史法为最多，对于历史的意义及历史科学的作用，并没有做出具体的说明，所以章氏的实际成就亦未能高出刘知幾。

第三，章氏主张有超越于刘氏的。刘氏倡议史家必具才、学、识三条件，章氏益以史德。地理一门，历来史家皆附书志中为一篇，未有倡行地方志的；章氏不但有此理论，更实际从事有关的编

---

① 见《章氏遗书》卷九。

述,将史地融为一体。此外,章氏主张在纪表列传之外加图,于儒林、文苑列传之外加史家传,都是独到之见。

此外,刘氏主张断代为史,章氏则主张撰作通史;与刘氏相比,章氏经师气息稍重等,都是二人较明显的分别。

古 文 十 弊

余论古文辞义例,自与知好诸君书凡数十通;笔为论著,又有《文德》《文理》《质性》《黠陋》《俗嫌》《俗忌》诸篇,亦详哉其言之矣;然多论古人,鲜及近世。兹见近日作者所有言论与其撰著,颇有不安于心,因取最浅近者条为十通,思与同志诸君相为讲明;若他篇所已及者不复述,览者可互见焉。此不足以尽文之隐,然一隅三反,亦庶几其近之矣。

一曰:凡为古文辞者,必先识古人大体,而文辞工拙又其次焉。不知大体,则胸中是非不可以凭,其所论次未必俱当事理,而事理本无病者,彼反见为不然而补救之,则率天下之人而祸仁义矣。有名士投其母氏行述,请大兴朱先生作志,叙其母之节孝,则谓乃祖衰年病废卧床,溲便无时,家无次丁,乃母不避秽亵,躬亲熏濯,其事既已美矣。又述乃祖于时鬒然不安,乃母肃然对曰:“妇年五十,今事八十老翁,何嫌何疑!”呜呼! 母行可嘉,而子文不肖甚矣。本无芥蒂,何有嫌疑! 节母既明大义,定知无是言也。此公无故自生嫌疑,特添注以斡旋其事,方自以谓得体,而不知适如冰雪肌肤剜成疮痏,不免愈濯愈痕瘢矣。人苟不解文辞,如遇此等,但须据事直书,不可无故妄加雕饰。妄加雕饰,谓之“剜肉为疮”,此文人之通弊也。

二曰:《春秋》书内不讳小恶。岁寒知松柏之后雕,然则欲表松柏之贞,必明霜雪之厉,理势之必然也。自世多嫌忌,将表松柏而又恐霜雪怀惭,则触手皆荆棘矣。但大恶讳,小恶不讳,《春秋》之书内事,自有其权衡也。江南旧家,辑有宗谱,有群从先世,为子聘某氏女,后以道远家贫,力不能婚,恐失婚时,伪报子殇,俾女别聘,其女遂不食死,不知其子故在。是于守贞殉烈两无所处,而女之行事实不愧于贞烈,不忍泯也。据事直书,于翁诚不能无歉然矣。第《周官》媒氏禁嫁殇,是女本无死法也。《曾子问》"娶女有日而壻父母死,使人致命女氏",《注》谓"恐失人嘉会之时",是古有辞昏之礼也。今制,"壻远游三年无闻,听妇告官别嫁",是律有远绝离昏之条也。是则某翁诡托子殇,比例原情,尚不足为大恶而必须讳也;而其族人动色相戒,必不容于直书,则匿其辞曰"书报幼子之殇,而女家误闻以为壻也"。夫千万里外,无故报幼子殇,而又不道及男女昏期,明者知其无是理也,则文章病矣。人非圣人,安能无失!古人叙一人之行事,尚不嫌于得失互见也;今叙一人之事,而欲顾其上下左右前后之人皆无小疵,难矣!是之谓"八面求圆",又文人之通弊也。

三曰:文欲如其事,未闻事欲如其文者也。尝见名士为人撰志,其人盖有朋友气谊,志文乃仿韩昌黎之志柳州也,一步一趋,惟恐其或失也。中间感叹世情反复,已觉无病费呻吟矣。末叙丧费出于贵人,及内亲竭劳其事,询之其家,则贵人赠赙稍厚,非能任丧费也;而内亲则仅一临穴而已,亦并未任其事也;且其子俱长成,非若柳州之幼子孤露,必待人为经理者也。诘其何为失实至此,则曰:"仿韩志柳墓,终篇有云'归葬费出观察使裴君行立',又'舅弟卢遵既葬子厚，又将经纪其家'，附纪二人，文情深厚，今志欲似之耳。"余尝举以语人，人多笑之。不知临文摹古，迁就重轻，又往往似之矣。是之谓"削趾适履"，又文人之通弊也。

四曰：仁智为圣，夫子不敢自居；瑚琏名器，子贡安能自定！称人之善，尚恐不得其实；自作品题，岂宜夸耀成风耶！尝见名士为人作传，自云"吾乡学者鲜知根本，惟余与某甲为功于经术耳"。所谓某甲，固有时名，亦未见必长经术也；作者乃欲援附为名，高自标榜，恶矣！又有江湖游士，以诗著名，实亦未足副也；然有名实远出其人下者，为人作诗集序，述人请序之言曰："君与某甲齐名，某甲既已弁言，君乌得无题品？"夫齐名本无其说，则请者必无是言；而自诩齐名，借人炫己，颜颊不复知忸怩矣！且经援服郑，诗攀李杜，犹曰"高山景仰"；若某甲之经，某甲之诗，本非可恃，而犹借为名。是之谓"私署头衔"，又文人之通弊也。

五曰：物以少为贵，人亦宜然也；天下皆圣贤，孔孟亦弗尊尚矣。清言自可破俗，然在典午则滔滔皆是也；前人讥《晋书》列传同于小说，正以采摭清言，多而少择也。立朝风节，强项敢言，前史侈为美谈；明中叶后，门户朋党，声气相激，谁非敢言之士！观人于此，君子必有辨矣，不得因其强项申威，便标风烈，理固然也。我宪皇帝澄清吏治，裁革陋规，整饬官方，惩治贪墨，实为千载一时。彼时居官，大法小廉，殆成风俗，贪冒之徒，莫不望风革面，时势然也。今观传志碑状之文，叙雍正年府州县官，盛称杜绝馈遗，搜除积弊，清苦自守，革除例外供支，其文洵不愧于《循吏传》矣；不知彼时逼于功令，不得不然，千万人之所同，不足以为盛节，岂可见奄寺而颂其不好色哉！山居而贵薪木，涉水而宝鱼虾，人知无是理也；而称人者乃独不然。是之谓"不达时势"，又文人之通弊也。

六曰：史既成家，文存互见，有如《管晏列传》而勋详于《齐世家》，张耳分题而事总于《陈余传》，非惟命意有殊，抑亦详略之体所宜然也。若夫文集之中，单行传记，凡遇牵联所及，更无互著之篇，势必加详，亦其理也；但必权其事理足以副乎其人，乃不病其繁重尔。如唐平淮西，《韩碑》归功裴度，可谓当矣；后中谗毁，改命于段文昌，千古为之叹惜。但文昌循于李愬，愬功本不可没，其失犹未甚也；假令当日无名偏裨，不关得失之人，身后表阡，侈陈淮西功绩，则无是理矣。朱先生尝为编修蒋君撰志，中叙国家前后平定准回要略，则以蒋君总修方略，独力勤劳，书成身死，而不得叙功故也。然志文雅健，学者慕之。后见某中书舍人死，有为作家传者，全袭《蒋志》原文，盖其人尝任分纂数月，于例得列衔名者耳，其实于书未寓目也；是与无名偏裨居淮西功，又何以异！而文人喜于摭事，几等军吏攘功，何可训也！是之谓"同里铭旌"。昔有夸夫，终身未膺一命，好袭头衔，将死，遍召所知，筹计铭旌题字；或循其意，假借例封、待赠、修职、登仕诸阶，彼皆掉头不悦。最后有善谐者，取其乡之贵显，大书勋阶师保殿阁部院某国某封某公同里某人之柩，人传为笑。故凡无端而影附者，谓之"同里铭旌"，不谓文人亦效之也！是又文人之通弊也。

七曰：陈平佐汉，志见社肉；李斯亡秦，兆端厕鼠；推微知著，固相士之玄机；搜间传神，亦文家之妙用也。但必得其神志所在，则如图画名家，颊上妙于增毫；苟徒慕前人文辞之佳，强寻猥琐以求其似，则如见桃花而有悟，遂取桃花作饭，其中岂复有神妙哉！又近来学者喜求征实，每见残碑断石，余文剩字不关于正义者，往往借以考古制度,补史缺遗,斯固善矣;因是行文贪多务得,明知赘余非要,却为有益后世推求,不惮辞费。是不特文无体要,抑思居今世而欲备后世考征,正如董泽矢材,可胜既乎!夫传人者文如其人,述事者文如其事,足矣;其或有关考征,要必本质所具,即或闲情逸出,正为阿堵传神。不此之务,但知市菜求增,是之谓"画蛇添足",又文人之通弊也。

八曰:文人固能文矣,文人所书之人,不必尽能文也。叙事之文,作者之言也,为文为质,惟其所欲,期如其事而已矣;记言之文,则非作者之言也,为文为质,期于适如其人之言,非作者所能自主也。贞烈妇女,明《诗》习《礼》,固有之矣。其有未尝学问,或出乡曲委巷,甚至佣妪鬻婢,贞节孝义,皆出天性之优;是其质虽不愧古人,文则难期于儒雅也。每见此等传记,述其言辞,原本《论语》《孝经》,出入《毛诗》《内则》,刘向之《传》,曹昭之《诫》,不啻自其口出,可谓文矣。抑思善相夫者,何必尽识鹿车鸿案;善教子者,岂皆熟记画荻丸熊!自文人胸有成竹,遂致闺修皆如板印。与其文而失实,何如质以传真也!由是推之,名将起于卒伍,义侠或奋闾阎,言辞不必经生,记述贵于宛肖。而世有作者,于斯多不致思,是之谓"优伶演剧"。盖优伶歌曲,虽耕氓役隶,矢口皆叶宫商,是以谓之戏也;而记传之笔,从而效之,又文人之通弊也。

九曰:古人文成法立,未尝有定格也;传人适如其人,述事适如其事,无定之中有一定焉。知其意者,旦暮遇之;不知其意,袭其形貌,神弗肖也。往余撰和州故给事《成性志传》,性以建言著称,故采录其奏议。然性少遭乱离,全家被害,追悼先世,每见文辞,而《猛省》之篇,尤沉痛可以教孝,故于终篇全录其文。其乡有知名士赏余文曰："前载如许奏章，若无《猛省》之篇，譬如行船，鹢首重而舵楼轻矣。今此娄尾，可谓善谋篇也！"余戏诘云："设成君本无此篇，此船终不行耶？"盖塾师讲授《四书》文义，谓之时文，必有法度以合程序；而法度难以空言，则往往取譬以示蒙学。拟于房室，则有所谓闲架结构；拟于身体，则有所谓眉目筋节；拟于绘画，则有所谓点睛添毫；拟于形家，则有所谓来龙结穴；随时取譬，习陋成风，然为初学示法，亦自不得不然，无庸责也。惟时文结习，深锢肠腑，进窥一切古书古文，皆此时文见解，动操塾师启蒙议论，则如用象棋枰布围棋子，必不合矣。是之谓"井底天文"，又文人之通弊也。

十曰：时文可以评选，古文经世之业，不可以评选也。前人业评选之，则亦就文论文可耳。但评选之人，多非深知古文之人。夫古人之书，今不尽传，其文见于史传。评选之家，多从史传采录；而史传之例，往往删节原文以就隐括，故于文体所具，不尽全也。评选之家，不察其故，误谓原文如是，又从而为之辞焉。于引端不具而截中径起者，诩谓发轫之离奇；于刊削余文而遽入正传者，诧为篇终之嶻峭；于是好奇而寡识者，转相叹赏，刻意追摹，殆如左氏所云"非子之求，而蒲之爱"矣。有明中叶以来，一种不情不理、自命为古文者，起不知所自来，收不知所自往，专以此等出人思议夸为奇特，于是坦荡之途生荆棘矣。夫文章变化，侔于鬼神，斗然而来，戛然而止，何尝无此景象，何尝不为奇特！但如山之岩峭，水之波澜，气积势盛，发于自然；必欲作而致之，无是理矣。文人好奇，易于受惑，是之谓"误学邯郸"，又文人之通弊也。

（《文史通义校注》卷五）

第十八章 现代中国史学的成立：
从理论到方法

第一节 "新史学"的倡导及其发展

传统中国史学在十九世纪中叶以后日趋式微，由于新时代的需要，加上西方史学理论和方法的冲击，现代中国史学随着二十世纪的到来而开展。1903 年梁启超(1873—1929 年)提出"新史学"的主张，宣告了现代中国史学的诞生。在这前后，中国学界译介了日本学者浮田和民(1859—1935 年)的《史学原论》、坪井九马三(1858—1936 年)的《史学研究法》等著作，从中既了解到日本史学的情形，也间接地认识了十九世纪以来的西方史学。[①]

史学理论、研究法和史学史，是历史学的核心组成部分。19 世纪后期，中国学界已有若干以新方法、新形式写成的史学著作，可以说是现代史学的萌芽时期，但真正的现代中国史学，是在二十世纪前期成立的。这既反映于西方重要著作的译介和引进，更关键

---

① 参阅张玉法《台海两岸史学发展之异同(1949—1994)》，"吴大猷院长荣退学术研讨会"论文抽印本(台北："中央研究院"，1994 年)。

的是,中国学者撰写的著作,在质和量方面都很可观。

尤为值得注意之处,是外国新史学理论的介绍及中国新史学理论的形成。新史学在世界各国先后开展,是二十世纪史学界的最大特色,梁启超率先提出"新史学"的观念,可说是这潮流的滥觞;其后又撰《中国历史研究法》及《中国历史研究法补编》,为中国的新史学奠定了基础。史学界普遍对新史学的主张作出了回应,并产生了一批章节体的新史学著作。[①]

在此前后,何炳松译《新史学》等西方著作,把西方的新史学介绍到中国;李大钊著《史学要论》,成为马克思主义史学的开端。即是说,现代中国新史学的三大流派,在二十世纪前期已经形成,既自成系统,亦互相影响、互相渗透。其后大量的史学论著,大抵都不超出这三大流派的影响。二十世纪后半,便是现代中国史学的开展时期,中国内地、中国香港和中国台湾地区,以至海外华文学界,均各自按照本身的环境、条件和需要,撰写不同形式和内容的史学论著。

二十世纪前期中国学界著译的史学理论书籍,包括基础理论、研究方法和史学史著作。(表25)[②]现代中国史学成立的经过,借此可见一斑,二十世纪后期以来的中国史学,就是在这个基础上发展起来的。

---

① 参阅张文建《中国新史学思潮》,蒋大椿、陈启能主编《史学理论大辞典》(合肥:安徽教育出版社,2000年),页259—260。

② 文中提到的著作,一部分至今仍可在坊间购买,一部分只能见于图书馆中;此外,笔者也参考了北京图书馆编《民国时期总书目》(北京:书目文献出版社,1994年)中的提要,及蒋大椿、陈启能主编《史学理论大辞典》。

表 25　近代中国史学概论及史学史著作一览(1922—1945 年)

著译者	书名	出版社	年份	页数
梁启超著	中国历史研究法	上海:商务印书馆	1922	229
李守常著	史学要论	上海:商务印书馆	1924	88
〔美〕鲁滨生(J. H. Robinson)著,何炳松译	新史学	上海:商务印书馆	1924	271
〔法〕郎格诺瓦(C. V. Langlois)、瑟诺博司(C. Seignobos)著,李思纯译	史学原论	上海:商务印书馆	1926	310
何炳松著	历史研究法	上海:商务印书馆	1927	83
〔美〕绍特韦尔(J. T. Shotwell)著,何炳松、郭斌佳译	西洋史学史	上海:商务印书馆	1929	392
〔美〕班慈(Harry Elmer Barnes)著,向达译,何炳松校订	史学	上海:商务印书馆	1930	102
卢绍稷著,傅运森校	史学概要	上海:商务印书馆	1930	209
何炳松著	通史新义	上海:商务印书馆	1930	226
〔法〕施亨利(Henri Seé)著,黎东方译	历史之科学与哲学	上海:商务印书馆	1930	173
梁启超著	中国历史研究法补编	上海:商务印书馆	1933	254
刘静白著	何炳松历史学批判	上海:辛垦书店	1933	159
〔美〕班兹(Harry Blmer Barnes)著,董之学译	新史学与社会科学	上海:商务印书馆	1933	588

(续表)

著译者	书名	出版社	年份	页数
〔美〕弗领（Fred Morrow Fling）著，薛澄清译	历史方法概论	上海:商务印书馆	1933	137
卫聚贤著	历史统计学	上海:商务印书馆	1934	232
李则纲著	史学通论	上海:商务印书馆	1935	194
〔德〕伯伦汉（E. Bernheim）著，陈韬译	史学方法论	上海:商务印书馆	1937	523
杨鸿烈著	历史研究法	长沙:商务印书馆	1937	469
姚永朴著	史学研究法	长沙:商务印书馆	1938	58
杨鸿烈著	史学通论	长沙:商务印书馆	1939	318
魏应麒著	中国史学史	长沙:商务印书馆	1941	274
王玉璋著	中国史学史概论	重庆:商务印书馆	1942	178
金毓黻著	中国史学史	重庆:国立编译馆	1944	329
常乃惪著	历史哲学论丛	重庆:商务印书馆	1944	121
〔意〕沙耳非米尼（Gaetano Salvemini）著，周谦冲译	史学家与科学家——史学与社会科学性质概论	重庆:商务印书馆	1945	108

第二节　史学理论著作

二十世纪二十年代,是史学理论著作的出版高峰期,其中以商务印书馆的出版物为最早及最多,对史学界的影响也较大。具开创性意义的,有以下两种:

（一）〔美〕鲁滨生（J. H. Robinson）著,何炳松译《新史学》（上海：商务印书馆,1924 年）①。这是一册论文集,共有《新史学》《历史的历史》《历史的新同盟》《思想史的回顾》《普通人应读的历史》《罗马的灭亡》《1789 年的原理》《史学下的守旧精神》八篇文章,内容反映了著者所倡的新史学理论和方法,即打破政治史研究的传统,把历史的范围扩大到人类既往的全部活动,并以进步观点来考察历史变化。

（二）李守常著《史学要论》（上海：商务印书馆,1924 年）。李守常即李大钊（1889—1927 年）,是新文化运动的倡导者,后又致力于宣扬马克思主义,《史学要论》这本小册子就是以唯物史观撰写的史学讲义,共有《什么是历史》《什么是历史学》《历史学的系统》《史学在科学中的位置》《史学与其相关学问的关系》《现代史学的研究及于人生态度的影响》六篇。作者强调中国传统史学必须改革,对什么是历史、历史学和历史观,以及三者之间的关系作了阐释;又认为历史学应是研究社会变革的学科,并从人类、民族、国民、社会、氏族、个人的经历论,去构筑历史理论的体系。在现代中国史学发展史上,这是第一部系统的马克思主义史学理论著作,"此书对中国马克思主义新史学,特别是史学理论的建立具有奠基意义"②。

（三）〔法〕郎格诺瓦（C. V. Langlois）、瑟诺博司（C. Seigno-

---

① 此书译自：J. H. Robinson, *The New History*, *Essays Illustrating the Modern Historical Outlook*。(New York：Macmillan, 1911)

② 姜义华主编《中国学术名著提要·历史卷》（上海：复旦大学出版社,1994 年）,页541。

bos)著,李思纯译《史学原论》(上海:商务印书馆,1936 年)[①],是另一种较重要的史学理论著作。此书内容比较丰富,分为初基知识、分析工作、综合工作三部分,最后为结论,论述历史研究方法。书末附《法兰西中等历史教育》和《法兰西高等历史教育》。书中阐述了历史学家在进行工作时,必须遵从的一些原则和方法;著者十分重视史料,强调外证和内证的鉴定。

由中国人自著的,有以下几种:

(一)卢绍稷著、傅运森校《史学概要》(上海:商务印书馆,1930年)。此书认为史学是研究人类社会继续活动的迹象,以寻求因果关系的一门学问。共有七章,依次为《中国史学界之回顾》《西洋史学界之回顾》《现代史学之发达》《史学与科学》《历史研究法》《历史教学法》,并附何炳松《中国史学演化之陈迹》一文。

(二)李则纲著《史学通论》(上海:商务印书馆,1935 年)。此书分为十章,包括什么是历史、历史学、关于史料诸问题等;前六章多引他人论述,后四章为作者的结论性著述。内容强调中国的历史学应与转型期的时代协调,另辟新的局面。

(三)杨鸿烈著《史学通论》(长沙:商务印书馆,1939 年)。此书共七章,依次为《道言》《史学的科学性质的鉴定》《史学的"今"与"昔"》《论历史的正当"目的"》《论历史的功用》《论史的分类》《论与历史有关的种种科学》。此书体系完整,条理清晰,但不同意新、旧史学的提法,主张以今、昔史学作为区分。

早在晚清时期,已有一种著作出版,但很少为人所知,实亦有

---

① 此书译自:C. V. Langlois, C. Seignobos, *Introduction aux Etudes Historiques*。(Paris, 1898)

开创之功。此书是曹佐熙著《史学通论》,1910 年由湖南中路师范学堂印行,线装,内容包括《题词》《凡例》及正文七篇。书中讨论了史学的几个问题,包括"史"和"史学"的区分、"史之关系"与"史学之关系"、"史学之旁通"(指史家应兼具其他学科知识);又将史学研究方法分为"内研"和"外研","内研"是指如何处理史学内容,"外研"是指历史著作的外在形式,仍然"带有异常浓厚的传统史学色彩"。[①] 但应肯定,此书是近代中国学者初步接触"新学"之后,试图融会西方史学的先驱著作,有一定的时代意义。

第三节　历史学与其他学科的关系

首先,关于历史学与其他学科的关系,早期的译著有两种:

(一)〔美〕班兹(Harry Blmer Barnes)著,董之学译《新史学与社会科学》(上海:商务印书馆,1933 年)[②]。此书篇幅较多,内分十章,依次探讨:史学之过去与将来;地理与历史撰述历史解释之关系;心理学与史学;人类学与史学;社会学与史学;科学史与史学之关系;经济学与动进史学;政治学与史学;论理学与历史;史学与社会理智。

(二)〔意〕沙耳非米尼(Gaetano Salvemini)著,周谦冲译《史学家与科学家——史学与社会科学性质概论》(重庆:商务印书馆,

---

① 刘泽华主编《近九十年史学理论要籍提要》(上海:书目文献出版社,1991 年),页5—9。

② 此书译自:Harry Blmer Barnes, *The New History and the Social Studies*。(New York: The Century Co., 1925)

1945 年)①。这本小册子原为作者在美国芝加哥大学的演讲，内分"史学与社会科学之定义""历史的怀疑主义""选材与想象""偏见与假设"等十二章；卷首有译者长序，对全书作介绍和评述。

其次，论述历史哲学的专书，有以下两种：

(一)〔法〕施亨利(Henri Seé)著，黎东方译《历史之科学与哲学》(上海：商务印书馆，1930 年)②。此书除道言和结论外，有以下八章："历史哲学的起源""历史的玄学概念：黑格尔""实证派的概念：孔德""历史的批评概念：古尔诺""历史科学论""历史的比较方法""历史中的进化观念""我们能否有一种科学的历史哲学"。

(二)常乃惪著《历史哲学论丛》(重庆：商务印书馆，1944 年)。这是一册史学论文集，内收"历史与哲学""历史与历史学观念的改造""史学的意义及其可创性""历史的本质及其构成的程序""历史的重演问题""关于思想""历史文化之有机的发展""人生的悲剧与国际的悲剧""文化与国家""中华民族在世界中的地位与其前途""中华民族怎样生存到现在""日本民族的人格分析"十二篇。

---

① 此书译自：Gaetano Salvemini, *Historian and Scientist：An Essay on the Nature of History and the Social Sciences*. (Cambridge, Mass.：Havard University Press, 1939)

② 此书译自：Henri Seé, *Science et Philosophie de l'histoire*. (Paris：F. Alcon, 1928)

第四节　史学方法论

在二十世纪二三十年代出版的史学方法论著,计共十余种,其中由商务印书馆出版的占半数以上,且较具分量。译著方面,除上述李思纯译《史学原论》外,还有:

(一)〔美〕弗领(Fred Morrow Fling)著,薛澄清译《历史方法概论》(上海:商务印书馆,1933 年)①。这小册子分八个部分:"引论""选择题目的方法——史料的搜集和分类""史料的批评——真伪的决定""史料的批评——时地人的断定""史料的批评——史料源流问题""史实的建造""综合法——事实的编比""史文作法"。

(二)〔德〕伯伦汉(E. Bernheim)著,陈韬译《史学方法论》(上海:商务印书馆,1937 年)②。此书内容颇为丰富,分为"史学之概念及本质""方法论""史料学""考证""综观""叙述"六章。著者指出历史方法的主要任务有二:其一是在材料搜集之后,确定其真实性;其二是认识诸事实之间的关系,作出综合的考察。时至今日,仍被视为一册权威的著作。

国人自著的,有以下几种:

(一)何炳松著《历史研究法》(上海:商务印书馆,1927 年)。这仅是一种内容深入浅出的小册子,但具有先驱的意义。书中分博采、辨伪、知人、考证与著述、明义、断事、编比、著作等十章,介绍

---

① 此书译自:Fred Morrow Fling, *The Writing of History: An Introduction to Historical Method*。(New Haven: Yale University Press, 1920)

② 此书译自:E. Bernheim, *Lehrbuch der Historischen Methode*。(Leipzig, 1889)

治史法并表示自己赞同治史上的疑古态度。内容参考了德、法学者的著作,也吸收了中国传统史学的一些观点,扼要而有系统,在近代中国史学界中有较大影响。

(二)何炳松著《通史新义》(上海:商务印书馆,1930 年)。此书分为两篇:上篇十章,专论社会史资料研究法,讨论史料考订与事实编比的理论及应用;下篇十一章,专论社会史研究法,对社会通史的著作及其与他种历史的关系加以说明。著者介绍了西洋最新的通史体例,力求建设中国新史学的体例和方法。顺带一提,其后有刘静白著《何炳松历史学批判》(上海:辛垦书店,1933 年)。此书从历史科学论、方法论、系统论、发展论等方面对何炳松上述二著及《增补章实斋年谱序》及《历史上之演化问题及其研究法》等书分章进行批判。

(三)卫聚贤著《历史统计学》(上海:商务印书馆,1934 年)。此书收《历史统计学》《中国统计学史》两篇论文,提倡通过统计来研究历史,附《统计法》一文。此书是中国第一部运用统计学原理研究历史的方法论专著,作者指出运用统计方法研究社会问题有三个好处:第一,可使复杂的事物表述化繁为简,便于比较;第二,可以为分析提供可靠的依据,从中求得正确的见解;第三,有助于预测将来人事的变迁。

(四)杨鸿烈著《历史研究法》(长沙:商务印书馆,1937 年)。此书内容较详尽,侧重介绍史料的研究整理,认为历史研究法应包括搜集史料法、审订史料法、整理和批判史料法等。书中还介绍了关于史料的认识及种类,基本上是一册史料学概论。

(五)姚永朴著《史学研究法》(长沙:商务印书馆,1938 年)。

这本小册子将历史学分成史原、史义、史法、史文、史料、史评、史翼七类,分别作了介绍。

专门探讨中国历史研究方法的开山著作,当推梁启超著《中国历史研究法》(上海:商务印书馆,1922 年)。此书原为梁氏在天津南开大学授课的讲义,分为六章:"史之意义及其范围""过去之中国史学界""史之改造""说史料""史料之搜集与鉴别""史迹之论次",比较系统地讨论了历史学的性质、研究对象、目的和方法,强调要打破以君主历史和政治史为本位的旧史结构,调整史学研究的范围,写出合乎理想的新史著。梁启超其后又著《中国历史研究法补编》(上海:商务印书馆,1933 年)。此书总论有三章:"史的目的""史家的四长——史德、史学、史识、史才""五种专史概论——人、事、文物、地方、断代"。另有分论探讨上述五种专史,但地方和断代只在目录中列出,书内从略。

第五节　史学史著作

早期有关史学史的著作,是从外国翻译过来的。可举的有两种,都由商务印书馆出版:

(一)〔美〕绍特韦尔(J. T. Shotwell)著,何炳松、郭斌佳译《西洋史学史》(上海:商务印书馆,1929 年)①。此书内容分道言、犹太史、希腊史、罗马史、基督教与历史五编,共二十七章,书末附《中古及近代史学》。

---

①　此书译自:J. T. Shotwell, *An Introduction to the History of History*。(New York: Columbia University Press, 1939)

（二）〔美〕班慈（Harry Elmer Barnes）著，向达译，何炳松校订《史学》（上海：商务印书馆，1930 年）①。班慈或译班兹，其《新史学与社会科学》已如上述。这本小册子分三部分：一、史学之性质及其目的；二、史著进展中之几种重要现象；三、新史学或综合史学；书末附参考书举要。

有关中国史学史的著作，较早出版的是魏应麒著《中国史学史》（长沙：商务印书馆，1941 年）。此书分上、下两编：上编是中国史学概论，包括中国史学的特质及价值，史籍的位置与类别，史官的建置与职守；下编则分期叙述自远古至民国每一时代史学发展的情况，并评述了刘知幾、郑樵、章学诚、梁启超等史学家治史的理论。另有王玉璋著《中国史学史概论》（重庆：商务印书馆，1942 年）。此书共五章，包括"史官""史籍名著述评""史体""历史哲学""史学之新趋势"。

朱希祖著《中国史学通论》（重庆：独立出版社，1944 年）也是一种史学史专著，撰于 1919 年至 1920 年间，分为两篇：上篇"中国史学之起源"，内容依次为"史字之本谊""有文字而后有记载之史""再论书记官之史""未有文字以前之记载""再论追记伪托之史""论历史之萌芽"（上、下）；下篇"中国史学之派别"，内容依次为"编年史""国别史""传记""政治史与文化史""正史""纪事本末"。附录"太史公解"和"汉十二世著纪考"。

其后，金毓黻著《中国史学史》（重庆：国立编译馆，1944 年）。

---

① 此书译自：Harry Elmer Barnes, *History of History*。按：向达译《史学》初版，收入"社会科学史丛书"；亦收入何炳松、刘秉麟主编"社会科学小丛书"中，改题《史学史》。后又列为《社会科学史纲》第一册：史学（1940 年）。

此书除"导言"及"结论"外,共有十章,依次为"古代史官概述""古代之史家与史籍""司马迁与班固之史学""魏晋南北朝以迄唐初私家修史之始末""汉以后之史官制度""唐宋以来设馆修史之始末""唐宋以来之私修诸史""刘知幾与章学诚之史学""清代史家之成就"及"最近史学之趋势"。其设置深受梁启超的影响,采用清儒考据之法,考辨历代史官制度、史家成就及史籍的真伪与体例。[①] 内容较为全面和详尽,作者在史料方面有深厚的功力,因而备受注重,成为中国史学史研究的经典著作。

---

① 《出版说明》,金毓黻著《中国史学史》(上海:上海古籍出版社,2014 年)。

参 考 书 目

(一) 辞书、中国通史

《辞海》(历史分册·中国古代史),上海:上海辞书出版社,1981 年。

吴泽、杨翼骧主编:《中国历史大辞典》(史学史卷),上海:上海辞书出版社,1983 年。

邱树森主编:《中国史学家辞典》,石家庄:河北教育出版社,1990 年。

《中国大百科全书》(中国历史)一至三册,北京:中国大百科全书出版社,1992 年。

《中国历史大辞典》上、下册,上海:上海辞书出版社,2000 年。

蒋大椿、陈启能主编:《史学理论大辞典》,合肥:安徽教育出版社,2000 年。

杨宽、方诗铭、程应镠、陈旭麓、沈起炜主编:《中国通史词典》上、下册,上海:上海人民出版社,2008 年。

翦伯赞主编:《中国史纲要》第一至四册,北京:人民出版社,1965 年。

傅乐成:《中国通史》(增订本)上、下册,台北:大中国图书公司,1972 年。

钱穆:《国史大纲》(修订本)上、下册,台北:国立编译馆,1977 年。

刘泽华、杨志玖等编著:《中国古代史》上、下册,北京:人民出版社,1979 年。

张舜徽:《中国人民通史》上、中、下册,武汉:湖北人民出版社,1989 年。

(二) 史家、史籍概说

张舜徽主编:《中国史学家传》,沈阳:辽宁人民出版社,1984 年。

张舜徽:《中国历史要籍介绍》,武汉:湖北人民出版社,1957 年;修订本改题:《中国古代史籍举要》,1980 年。

周亿孚:《中国史籍提要》,香港:香港中文出版社,1965 年。

钱穆:《中国史学名著》一、二,台北:三民书局,1973 年。

王树民:《史部要籍解题》,北京:中华书局,1981 年。

苏渊雷:《读史举要》,哈尔滨:黑龙江人民出版社,1981 年。

柴德赓:《史籍举要》,北京:北京出版社,1982 年。

李宗邺:《中国历史要籍介绍》,上海:上海古籍出版社,1982 年。

吕涛、潘国基、奚椿年:《史籍浅说》,广州:广东人民出版社,1984 年。

张舜徽主编:《中国史学名著题解》,北京:中国青年出版社,1984 年。

仓修良主编:《中国史学名著评介》第一至三卷,济南:山东教育出版社,1990 年。

刘泽华主编:《近九十年史学理论要籍提要》,北京:书目文献出版社,1991 年。

姜义华主编:《中国学术名著提要·历史卷》,上海:上海复旦大学出版社,1994 年。

毕素娟、熊国祯:《中国古代著名史籍》(增订版),北京:商务印书馆,1997 年。

仓修良:《史家·史籍·史学》,济南:山东教育出版社,2000 年。

陈垣著,陈智超编:《中国史学名著评论》,北京:商务印书馆,2014 年。

(三) 史学史、史学概论

李宗侗:《中国史学史》,台北:中国文化学院出版部,1979 年。

朱杰勤:《中国古代史学史》,郑州:河南人民出版社,1980 年。

张孟伦:《中国史学史》上,兰州:甘肃人民出版社,1983 年。

陶懋炳:《中国古代史学史略》,长沙:湖南人民出版社,1987 年。

白寿彝主编:《中国史学史》第一至六卷,上海:上海人民出版社,2006 年。

仓修良:《中国古代史学史》,北京:人民出版社,2009 年。

乔治忠:《中国史学史》,北京:中国人民大学出版社,2011 年。

李宗侗:《史学概要》,台北:正中书局,1968 年。

徐文珊:《中国史学概论》,台北:维新书局,1973 年。

朱希祖:《中国史学通论》,台北:庄严出版社;1977 年重印本。

顾颉刚口述,何启君整理:《中国史学入门》,北京:中国青年出版社,1983 年。

葛懋春、谢本书编:《历史科学概论》,济南:山东教育出版社,1983 年。

方壮猷:《中国史学概要》,武汉:武汉大学出版社,2011 年。

(四) 史家、史籍分论

王健群:《二十四史提要》,哈尔滨:黑龙江人民出版社,1982 年。

白寿彝:《史记新论》,北京:求实出版社,1981 年。

安作璋:《班固与汉书》,济南:山东人民出版社,1979 年。

戴蕃豫:《范晔与其后汉书》,长沙:商务印书馆,1941 年;香港:一山书屋重印本。

吕思勉:《史通评》,香港:太平书局重印本,1964 年。

许冠三:《刘知幾的实录史学》,香港:中文大学出版社,1983 年。

张煦侯:《通鉴学》(修订本),合肥:安徽人民出版社,1981 年。

柴德赓:《资治通鉴介绍》,北京:求实出版社,1981 年。

仓修良:《章学诚和文史通义》,北京:中华书局,1984 年。

陈秉才、高德:《中国古代的编年体史书》,北京:人民出版社,1987 年。

（五）论集、资料选读

历史研究编辑部编：《司马迁与史记论集》，西安：陕西人民出版社，1982 年。

北京师范大学史学研究所编：《司马迁研究新论》，开封：河南人民出版社，1982 年。

缪钺：《读史存稿》，北京：生活·读书·新知三联书店，1963 年。

柴德赓：《史学丛考》，北京：中华书局，1982 年。

杜维运、黄进兴编：《中国史学史论文选集》上、下，台北：华世出版社，1976 年。

上海师范大学历史系中国史学史研究室吴泽主编、袁英光编选：《中国史学史论集》一、二，上海：上海人民出版社，1980 年。

郝建梁、班书阁编：《中国历史要籍介绍及选读》，北京：高等教育出版社，1957 年。

高振铎、张家璠编：《中国历史要籍介绍及选读》上、下，哈尔滨：黑龙江人民出版社，1982 年。

雷敢选注：《中国历史要籍序论文选注》，长沙：岳麓书社，1982 年。

中国历史文献研究会：《中国古代史学家传记选注》，长沙：岳麓书社，1984 年。

附记：本书介绍各种史籍书目从略。